জাগরণের কোলাজ

ড. রূপা কুন্ডু

হুগলি জেলার তারকেশ্বরের ৺বাবা তারকনাথ জীউ - এর কৃপায় এই গ্রন্থটি নির্বিঘ্নে সম্পূর্ণ হয়েছে, তাঁকে অনন্ত কোটি প্রণাম জানাই । আমার পিতার চরণে অনন্ত কোটি প্রণাম জানাই ধন্যবাদ, তিনি আমার সকল প্রেরণার উৎস।

আমেরিকা প্রবাসী বিশ্ববিখ্যাত হৃদরোগ বিশেষজ্ঞ ডাঃ ইন্দ্রনীল বসু রায়ের বিশেষ সহযোগিতায় গ্রন্থটি প্রকাশিত হবার সুযোগ পেয়েছে, তাঁকে আমার অনন্ত কৃতজ্ঞতা ও সশ্রদ্ধ প্রণাম জানাই । প্রখ্যাত লেখক ও গবেষক ড. সুখেন্দু মণ্ডল এই গ্রন্থটি প্রকাশনার সমগ্র দায়িত্ব সযত্নে গ্রহণ করেছেন। তাঁর প্রতি আমার অনন্ত কৃতজ্ঞতা ও ধন্যবাদ জানাই। শ্রীমান গিরিধারী কুণ্ডু সমগ্র গ্রন্থটি পরম যত্নে মুদ্রিত (টাইপ) করেছেন । তাঁকে আমার আশীর্বাদ সহ কৃতজ্ঞতা ও ধন্যবাদ জ্ঞাপন করছি। পরিবারের শুভেচ্ছাই আমার সকল উৎসাহের উৎস । পরিবারের সকল সদস্যদের আমার ধন্যবাদ ও কৃতজ্ঞতা জ্ঞাপন করি। জন্মাবধি আজ পর্যন্ত যাঁদের প্রত্যক্ষ ও পরোক্ষ সাহচর্যে আমি বর্তমান অভিজ্ঞতায় পৌঁছেছি তাঁদের সকলের প্রতি কৃতজ্ঞতা ও ধন্যবাদ জ্ঞাপন করি। আমার সকল শিক্ষাগুরু ও দীক্ষাগুরু মহাশয়দের কৃতজ্ঞতা, ধন্যবাদ ও অনন্ত কোটি প্রণাম জানাই।

আমি এই গ্রন্থটি আমার পরমারাধ্য পিতা স্বর্গতঃ ৺কিংকর কুমার কুণ্ডু মহাশয়ের চরণে উৎসর্গ করছি।

বিষয়বস্তু

1. দাদার শাসন — 1

2. স্বপ্ন ও দুঃস্বপ্ন — 5

3. দুঃস্বপ্নের উৎস — 9

4. শিখার উপলব্ধি — 12

5. নির্মলার উদ্ধার — 19

6. আশ্রমে নির্মলা — 22

7. অনির অনুপিসি — 24

8. রাতুলের জাগরণ — 27

9. আশ্রমের দিনচর্যা — 32

10. নারীর অপমান ও অনির উপলব্ধি — 35

11. রাতুলের দাদাগিরি — 37

12. আশ্রমিক জীবন — 40

13. রাতুলের সংগ্রাম — 42

14. জগদম্বার স্মৃতিচারণ — 48

15. অনির অচলাদি — 51

16. অপরেশের নতুন জীবন — 53

17. একটি চিঠি ও আশার আলো — 56

18. আত্মপ্রত্যয়ী নির্মলা — 60

19. নতুন আতঙ্ক — 65

20. আহত অরুণিমা — 70

21. অরুণিমার সিদ্ধান্ত — 79

22. জগদম্বার নতুন আলো — 83

23. স্বপ্নের শুরু — 95

১

দাদার শাসন

অনিরুদ্ধ, B.SC.তৃতীয় বর্ষের ছাত্র কলেজ থেকে ফেরার সময় বাস থেকে নেমে আজও হেঁটে হেঁটে বাড়ীর পথে আসছিল । এই রাস্তায় দেবপুর উচ্চমাধ্যমিক স্কুল । আজ তাড়াতাড়ি কলেজের ছুটি হওয়ায় ও যখন স্কুলের পাশ দিয়ে আসছিলো, স্কুলেরও সে সময়ে ছুটি হয়েছে বাস থেকে নেমেই ও অনেক স্কুলের ছেলেমেয়েদের যেতে দেখেছে । স্কুল অতিক্রম করে যখন আরও বাড়ীর কাছাকাছি এলো, দেখলো দুটি মেয়ে সামনে হাঁটছে আর কয়েকটা ছেলে ঐ দুটি মেয়েকে ক্রমাগত কিছু বখাটে পুরুষ সুলভ মন্তব্য করতে করতে ওদের পিছনে পিছনে চলেছে। আশ্চর্য, মেয়েগুলো কিছুই বলছে না কেন ? ওরা কেমন যেন সিঁটিয়ে সিঁটিয়ে হাঁটছে। যেন ওরা অপরাধী । কেউ যেন ওদেরকে অপরাধের তিরস্কার করতে করতে যাচ্ছে, আর মেয়েদুটি সেই তিরস্কার মাথা নত করে শুনতে শুনতে যাচ্ছে। অনিরুদ্ধের মাথা গরম হচ্ছে, কিন্তু না কাছে যাওয়া যাবে না । মেয়ে দুটো কোনো প্রতিবাদ, চিৎকার চেঁচামেচি কিছুই করছে না । ওদের তো হাত পা আছে, চালাতেও পারছে না? অনিরুদ্ধ গতি ধীর করে নিয়েছে । ওদের পিছনে থাকে সে। সামনে গেলেই নাটক বন্ধ হয়ে যাবে । এটা অনিরুদ্ধেরই পাড়া ,মেয়ে দুটিও ওর চেনা । ওর নিজেরই ছোট বোন চিংকী ওরফে অনিতা,আর তার বান্ধবী শালিনী। একটু এগিয়ে ওরা দুদিকে চলে যাবে। পাড়ায় ঢুকলে ছেলেগুলো আর ওদের পিছনে যাবে না। অনিরুদ্ধের প্রশ্ন জাগে মনে ,চিংকী অর্থাৎ ওর ছোট বোনকে কী রোজই ছেলেগুলো ডিস্টার্ব করে ? কই বলেনি তো কখনও। একটু এগিয়ে চিংকীরা যখন পাড়ার মহল্লায় ঢুকে গেলো তখন অনিরুদ্ধ গতি বাড়ালো ।

লম্বা লম্বা পা ফেলে ছেলেগুলোকে পিছনে ফেলে এগিয়ে গেলো। ছেলেগুলো পরস্পরের মুখের দিকে তাকালো। অনিকে খুব ভালো করে চেনে তারা। একটা আতঙ্ক যেন ওদের মুখের উপর দিয়ে স্রোতের মতো বয়ে গেল। চুপচাপ অনিরুদ্ধ দ্রুতগতিতে বাড়ি ঢুকলো চিংকীকে পিছনে ফেলে। কলতলায় হাতপা ধুয়ে ঘরে নিজের ব্যাগ, মোবাইল রেখে চেয়ারে বসল। মাথায় আগুন জ্বলছে। চিংকী বাড়ি ঢুকলো। ব্যাগ রাখবার জন্য ঘরে ঢুকতেই অনিরুদ্ধ ওকে বেধড়ক পেটাতে লাগলো। চিংকী ক্লাস এইটের ছাত্রী। রোগা পাতলা মেয়ে। হঠাৎ বেধড়ক মারে ও হতভম্ব হয়ে আর্ত চিৎকার করে উঠলো।

- 'মারছিস কেন দাভাই কি করেছি আমি' ?
- 'মনে করেছিস কিছু দেখিনি না আমি ? প্রশ্রয় দেওয়া হচ্ছে ? হাত নেই ,পা নেই , মুখ নেই ? রোজ কারাটে শিখছো বখাটেদের প্রশ্রয় দেবে বলে ? হুঁ...ধরে ঘা কতক দিতে পারতিস না ? মুখে চিৎকার করে জবাব দেওয়া যেতো না? যে মারটা ওদের পাওনা ছিল সেগুলো তুই খা এখন' ।

এই বলে দুমদাম পেটাতে থাকে অনি। পাশের ঘর থেকে ওদের মা শ্রীলা , চিৎকার করে,

- 'মার,মেরে ফ্যাল একেবারে, রণে জিন দিয়ে এলো সব । এতো ভালো ভালো মানুষকে ভগবান চোখে দেখতে পাচ্ছে , তোদেরকে দেখতে পাচ্ছে না রে' ?

দাঁত কিড়মিড় করে শ্রীলা দৌড়ে এসে , চিংকীকে অনিরুদ্ধের হাত থেকে ছাড়ায়। অত্যন্ত রেগে গিয়ে বললো,

- 'কি হয়েছে হ্যাঁ ? এসেই মারধোর করতে হবে' ?

অনিরুদ্ধ নিজেকে সামলে নেয় , চুপ করে থাকে। মা কে কিছু বলে না। জানে, মা এর অর্থ বা পরিস্থিতির গভীরতা বুঝবে না। যা করতে হবে তাকে নিজেকেই করতে হবে। ধন্যি ভারতের নারী। সর্বগুণের গুণময়ী হয়েও নিজেদের মহত্ব, মাহাত্ম্য কিছুই বুঝলো না। অত্যাচারের প্রশয়দাত্রী এককটি। শ্রীলা ক্রমশ জিজ্ঞাসা করতেই থাকে

- 'কি হয়েছে অনি, বল ? কি করেছে চিংকী ? অ্যাই চিংকী কি হয়েছে রে ? বল্, বল্ শিগগির্' ।

দু ভাইবোনেই চুপ থাকে। শ্রীলা রাগে গজগজ করতে করতে রান্নাঘরে যায়,

- 'আসুন আপনারা গিলে উদ্ধার করুন আমাকে'।

দুই ভাইবোনেই চুপচাপ হাতমুখ ধুয়ে জামাকাপড় বদলে খেতে যায় রান্নাঘরে। চিংকী মুখটা হাঁড়ির মতো করে খেতে বসে। শ্রীলা দুটো থালায় ভাত তরকারি দিয়ে, বাটিতে ডাল দিয়ে ঠক্‌ঠক্‌ করে ওদের সামনে ধরে দেয়। ওরা বোতলের জল নিয়ে বসে যায় খেতে। চিংকীর পছন্দমতো রান্না হয়েছে আজ । চিংড়ি ভাপা, টকের ডাল আর ঝিরঝিরে আলুভাজা। দেখেই পিঠে দাভাইয়ের দেওয়া উত্তম মধ্যম পিটুনির ব্যাথা নিমেষে উধাও হয়ে যায় তার । পেটের খিদেটাই ওর কাছে এখন সব। খুব আনন্দ করে খেয়ে নেয়। খুশিমনে উঠে যায়। অনিও চুপচাপ খেয়ে নেয়। বোনের এবং ওর নিজের থালা বেসিনে ভিজিয়ে দেয়। ভিজে কাপড় দিয়ে টেবিল মুছে নেয়। তারপর দুজনের এঁটো থালা, বাটি ধুয়ে বাসনের জায়গায় রেখে দেয়। লাইট ফ্যান বন্ধ করে নিজের ঘরে যায়। চিংকী একবার শুয়ে পড়ে। একটু বিশ্রাম না করলে সন্ধ্যায় পড়তে বসলে বড্ড ঘুম পাবে। সময় মতো মা ওকে ডেকে দেবে। অনি নিজের ঘরে গিয়ে অন্যমনস্ক হয়ে মোবাইলে আঙুল চালাতে থাকে। কোনো কিছুই ভালো লাগছে না তার । যতই হোক ছোটো বোন। মারধোর করার পর থারাপ লাগছে। আর ওকে মারধোর করেই বা কি হবে। সমস্যা অনেক গভীরে, বহুদিন বহুযুগ ধরে মেয়েদের এই ঘরের মধ্যে থাকা, মেয়েকে মমতাময়ী রূপে মানুষ করা ভীষণ ভুল। বর্তমান সময়ে এতো নরম মনের হলে চলবে না, সময় বদলেছে । এখন সমানভাবে নারী পুরুষ উভয়েরই দায়িত্ব সমাজকে এগিয়ে নিয়ে যাওয়ার। ছোটোবেলা থেকে একটা আবছা অস্পষ্ট ছবি ওকে ঘুমে জাগরণে বিচলিত করে। তাই ও চায় চিংকী পড়াশোনা করুক । পুরুষের মতো সমাজ ও সংসারের প্রতি দায়িত্বশীল হোক। সমাজে ও দাপিয়ে বেড়াক। অন্যান্য মেয়েদের মতো যেন নিরীহ গোবেচারা না হয়। তাই বাবাকে বলে ওকে ক্যারাটে শেখার ব্যবস্থা করেছে। কিন্তু তবুও এতো ভয়ে থাকা কেন ? কেন ঐ ছেলেগুলো কে কিছু বললো না, কেন ঘুরে রুখে

দাঁড়ালো না ? আবার মাথা গরম হতে শুরু করেছে অনির। এসময় কোনো কিছুতেই মন বসে না, কিছুই ভালো লাগে না। ছোটোবেলায় দেখা সেই দৃশ্য ওকে অস্থির করে তোলে।

2

স্বপ্ন ও দুঃস্বপ্ন

আজ সকালে কলেজ যাবার পথে দেখলো অনুপিসি আসছে। অনুপিসিকে অনেকদিন পর দেখলো। সামনাসামনি আসতেই অনি সামনে দাঁড়ালো। পায়ে হাত দিয়ে প্রণাম করে অনি জিজ্ঞেস করল

- 'কেমন আছেন পিসিমণি' ?
- 'ভালো আছি বাবা আমার ননী গোপাল, তুই কেমন আছিস বাবা ? পড়াশোনা ঠিকমতো হচ্ছে তো ? মানুষ হ' বাবা, মানুষ হ' । সত্যিকারের মানুষের বড়ো অভাব । সাবধানে যাবি বাবা'।

এই বলে হন্তদন্ত হয়ে অনু চলে যেতেই , অনিও নিজের পথে পা বাড়লো। অনুপিসি যেন অন্য ধাতু দিয়ে গড়া, কোনো বাধা-বিপত্তি ভয় ওঁর জন্য নয়। ইদানিং ওঁর ব্যস্ততা বেড়েছে। এতো সাধারণ বেশভূষা যে বোঝার উপায় নেই ওঁর সম্পর্কে । সবসময় একরকম । একটা ছোট আশ্রম আছে, যেখানে উনি সমাজকল্যাণের জন্য কাজ করেন। উচ্চশিক্ষিতা । ছদ্মনামে লেখালেখিও করেন বলে অনি শুনেছে । সবসময় নিজের চিন্তার গহনে ধ্যাননিবিষ্টের মতো থাকেন। অনির ভীষণ শ্রদ্ধা ওনার প্রতি। উনিও অনিকে ভালোবেসে 'ননীগোপাল' বলেন। ছোটবেলা থেকে অনি, অনুপিসিকে একইরকম দেখে আসছে। সবসময় ব্যস্ত, একা একা দৌড়োন পথে ঘাটে নিজের কাজে। কোথা থেকে পান এতো অফুরন্ত প্রানপ্রাচুর্য ? অনি যখন ছোটো ছিল তখন অনুপিসিমণি একজন তরুণী। একা একাই নিজের কাজে

"

মগ্ন। আচ্ছা অনুপিসিমণির ভগবান কি আলাদা ? কই ওনাকে তো কখনও কেউ রাস্তাঘাটে বিরক্ত করে না । উনি এখনও কত সুন্দরী। অনি বুঝতে পারে মানুষের ব্যক্তিত্বই মানুষের মানমর্যাদার ধারক ও বাহক। পিসিমণিকে সকলেই খুব শ্রদ্ধা করে। অশিক্ষিতগুলোই তাঁকে পাগলী ভাবে, সুন্দরী হয়েও অবিবাহিতা । বাবার অর্থপ্রাচুর্য্য থাকলেও বাহ্য প্রকাশ বলতে পিসিমণির কিছু নেই । শরীরে কোনো অলঙ্কার নেই , তাই হয়তো গণ্ডমূর্খেরা পাগলী ভাবে। অনেক মানুষই তাঁকে মা, মালক্ষ্মী, জগজ্জননী বলে একথা অনি নিজকানে শুনেছে। যেমন, 'কি গো মা লক্ষ্মী ফেরা হলো ?' 'মা গো কতদিন দেখিনি তোমায়, ভালো আছো মাগো?' কেউ আবার বলে 'জগজ্জননী এসেছো ?' অনি বুঝতে পারে সব মেয়ে একরকম নয়। আন্তরিক কিছু তফাৎ আছে। তাই সকলকে রাস্তাঘাটে অপদস্ত হতে হয় না ।অনি অনুভব করতে পারে, মেয়েদের যে বিভিন্ন রকম ভাবে অপদস্ত হতে হয় সেই সমস্যার সমাধানও মেয়েদেরই হাতে আছে। মেয়েরা নিজেরাই চেষ্টা করলে এই সমস্যার প্রায় সিংহভাগ নির্মূল করতে পারে। হয়তো বা নারীজাতির যে সামাজিক, মানসিক, অর্থনৈতিক সমস্যা আছে, সেগুলির সমাধানও তাঁদের ই হাতে আছে। নিজেরা চাইলেই সেই সমস্যা গুলি থেকে মুক্ত হতে পারে । চাই সঠিক মার্গদর্শন । মেয়েদের চিন্তাভাবনার জায়গাটার যদি পরিবর্তন ঘটে তাহলে মেয়েরাও পরিবর্তিত হবে শক্তিমতী রূপে। কতরকমের কুসংস্কার, ভুল জ্ঞান যুগ যুগ ধরে মেয়েদের মধ্যে ঢুকিয়ে দেওয়া হয়েছে সযত্নে । তাই আজকের নারী তাঁর মাহাত্ম্য ভুলে গেছে। ভুলেছে যে সে নিজেই আদ্যশক্তি মহামায়ার প্রকৃত স্বরূপ । ভাবতে ভাবতে অনি বাসস্ট্যান্ডে পৌঁছায়। বাসে উঠে ভাবে, এই বিষয় নিয়ে অনেক গভীর মনন দরকার। সামাজিক এই চিত্রটার পরিবর্তন দরকার। নারীর প্রকৃত জাগরণ দরকার। নারীজাতির উন্নতি না হলে বর্তমান অবস্থার পরিবর্তন না হলে, সমাজ কোনোভাবেই উন্নতি হতে পারে না। নারীজাতির উন্নতি না হলে সমগ্র মানবজাতির উন্নতি হতে পারে না। একথা স্বামী বিবেকানন্দ সহ অনেক মহাপুরুষই বলেছেন। নারী পুরুষ উভয়ে সমাজের দুটি ডানা, দুটো ই সমান শক্তিশালী না হলে সমাজের উড়ান সম্ভব নয় । পশ্চিমা দেশগুলি আধ্যাত্মিক জ্ঞানে ভারতের থেকে পিছিয়ে থাকলেও শুধুমাত্র নারীপুরুষের সমানতার জন্যই অর্থসামাজিক ভাবে এত উন্নত। আমাদের দেশে তাই মেয়েদের উন্নতি প্রয়োজন। চাই মেয়েদের মানসিক চিন্তা ভাবনার পরিবর্তন। তার জন্য চাই প্রকৃত শিক্ষা, যা ভারতীয় শাস্ত্রেই আছে। ভারতীয় শাস্ত্র হল প্রকৃত জ্ঞানের

ভান্ডার। অনি কলেজের গেটে নেমে, ক্লাসে চলে যায়।

বিকেলে বাড়ী ফিরে অনি থাওয়া দাওয়া সেরে নিয়ে ডাক দেয় "চিংকী" , "চিংকী" । চিংকী সাড়া দেয় না। অনি সাড়া না পেয়ে মায়ের ঘরে গিয়ে উঁকি মারে। নাহ্ এখানেও নেই। অনি নিজের ঘরে চলে যায়। হাতের ক্যাডবেরি চকলেট টা টেবিলে রেখে দেয়। চিংকীর জন্য এনেছিলো। গতকালের জন্য অনির মনটা খারাপ, তাই বোনকে 'সরি' না বলে চকলেট দেওয়ার পরিকল্পনা। কখন যেন দুচোখের পাতা লেগে গেছে। চিংকী এলো চুপিসারে। জানালা দিয়ে দেখলো দাভাইয়ের টেবিলে ঝলজ্যান্ত চকলেট টা, বেশ বড়ো সাইজের। 'তাহলে দাভাই এটা দেবে বলেই ডাকছিলো। যাই নিয়ে নিই, ভেবেও থমকে গেলো চিংকী। এভাবে নিলে দাভাইয়ের কাছে মান থাকবে না, হ্যাংলা ভাববে। কালকে কতো মারলো, আর আজ এসেছে চকলেট দিতে , হুঁঃ। না না কিছুতেই নেবে না সে। বাছাধনকে একটু ভালো করে শায়েস্তা করার দরকার আছে । কিছু হলেই তো চিংকীকে দরকার। চিংকী এটা খুঁজে দে, চিংকী ওটা খুঁজে দে। চিংকী মায়ের কাছ থেকে চা টা, কফি টা, এনে দে। কথাই বলবে না সে। বুঝুক ঠেলা। কিন্তু চকলেট টাও বেশ বড়সড়। এ্যাতো রাগ দেখানো কি ঠিক হচ্ছে ? নিজেকে এসব জিজ্ঞেস করতে গিয়ে দেখলো নাহ্ ঠিক হচ্ছে না। এতবড় ক্যাডবেরি সচরাচর আসে না। এলেও দাভাই-ই ভাগ বসিয়ে দেয়। এটা যেহেতু তার রাগ ভাঙানোর জন্য এনেছে এটাতে দাভাই ভাগ বসাবে না। তবে নিজে নিজে নিয়ে নেওয়াটা ঠিক হবে না। ঠিক আছে আর একবার ডাকলেই চুপচাপ চলে যাবে সে দাভাইয়ের কাছে । গভীর নিঃশ্বাসপ্রশ্বাসের আওয়াজে চিংকী বুঝলো দাভাই ঘুমিয়ে পড়েছে। তাই মায়ের ঘরে গিয়ে সেও খানিক শুয়ে পড়লো। কিন্তু ঘুম আসছে না। বারবার যেন দাভাইয়ের টেবিলের চকলেটটা তাকে টানছে। তাই মাঝে মাঝেই সে এসে দাভাই উঠলো কিনা চুপিসারে দেখে যাচ্ছে।

অনি তখন খুব ছোট, বড়দি ওর হাত ধরে একটা রাস্তার উপর দাঁড়িয়ে আছে । অনেক মানুষ, পুলিশ, কত কত লোক। চারিদিকে পাটের ক্ষেত। পাটের ঘন জঙ্গল যেন। সেসময় এখানে পাট চাষ হতো। এখন পাটচাষ নেই। বাদাম চাষ হয় এখন। অনি জানতো না এখানে কেন এসেছে সে। কেনই বা এতো লোক এসেছে। খুব ছোট্ট, চার-পাঁচ বছর বয়স। বড়দি ক্লাস নাইনে , ছোড়দি ক্লাস ফাইভে। সবাই অধীর আগ্রহে দাঁড়িয়ে। পাটের ক্ষেতের বাইরে থেকে শুধু দুটি পায়ের পাতা দেখা যাচ্ছে। সমস্ত শরীর পাটের ক্ষেতের ভিতরে। পুলিশ ধীরে ধীরে বের করে আনছে একটা মেয়ের শরীর।

ধীরে ধীরে বেরিয়ে আসছে একটা মেয়ে। যখন পুরো শরীরটা সামনে এলো অনি দেখলো ওটা খু-উ-ব চেনা মুখ। ও...ও তো চিংকী। অনি হঠাৎ বিকট চিৎকার করে উঠলো 'চিংকী..ঈঈঈ'। চিংকী সেইমাত্র চকলেটটা দেখে মায়ের ঘরে ফিরে যাচ্ছিলো। এরকম চীৎকার শুনে দৌড়ে দাভাইয়ের ঘরে এসে দাভাইকে দেখে থ' বনে গেলো। দাভাইয়ের গোটা শরীর ঘামে ভেজা, কপাল ভর্তি ঘাম।

- 'দাভাই কি হয়েছে, এইতো আমি, এইতো আমি'।

ভয়ার্ত চোখে অনি চিংকীকে দেখে। স্বপ্ন আর বাস্তব যেন মিলছে না। চিংকী আবার বললো,

- 'কি হয়েছে দাভাই এইতো আমি, এইতো আমি'।

শ্রীলাও দৌড়ে আসে। অনি ধীরে ধীরে নিজেকে সামলে নেয়। শ্রীলা এক গ্লাস জল নিয়ে অনির মুখে ধরে। অনি জলটা খেয়ে ধাতস্থ হয়। শ্রীলা বোঝে কোনো ভয়ের স্বপ্ন দেখেছে। মাথায় বুকে হাত বুলিয়ে দেয় পরম মমতায়। চিংকীর হঠাৎ এমন ব্যাপারে দাভাইয়ের জন্য ভীষণ মন খারাপ করতে শুরু করলো। কিছুক্ষণ দাভাইয়ের কাছেই বসে থাকলো। কিছুক্ষণ আগে সে দাভাইকে শায়েস্তা করবার কথা ভাবছিলো। এরজন্য নিজেকে খুব খারাপ মানুষ বলে মনে হচ্ছে এখন। মনে হচ্ছে তার এজন্য শাস্তি পাওয়া উচিৎ। মনে হচ্ছে মৌমাছি, বোলতা, ভীমরুল সব তাকে কামড়াক, তাহলেই শাস্তি পাওয়া হয়ে যাবে। না না এসব কি ভাবছে সে, মৌমাছি বোলতার কামড় তবু সহ্য হবে, ভীমরুল কামড়ালে তো মরেই যাবে। ঠাকুমার মুখে শুনেছিলো যে, ঠাকুর্দাকে তাঁর ছোটোবেলায় একবার ভীমরুল কামড়েছিলো, ঠাকুর্দা তৎক্ষণাৎ অজ্ঞান হয়ে গিয়েছিলো। হে ভগবান এবারকার মতো মাফ করে দাও। আর কখনও অন্যকে শায়েস্তা করার কথা সে চিন্তা করবে না।

৩

দুঃস্বপ্নের উৎস

অনি যখন খুব ছোট তখন দু-তিনটে গ্রাম ছাড়িয়ে একটি গ্রামের মেয়ের দেহ পাটের বনে পাওয়া যায়। পুলিশ এসে সনাক্ত করে। শারীরিক নির্যাতন, পরে শ্বাসরোধ করে হত্যা। প্রথমে বাইরে থেকে পায়ের পাতা দুটোই দেখা যাচ্ছিল। পথচলতি মানুষেরা দেখতে দেখতে ভিড় জমে যায়, তারপর পুলিশে খবর দেওয়া হয়। ধীরে ধীরে গ্রামের সকলেই খবর পেয়ে দৌড়েছিল দেখতে। এরপরে থেকে গ্রামের মেয়েদের সন্ধ্যার পরে বাড়ির বাইরে থাকা বন্ধ হয়ে গেল। অনেক বাড়ী থেকে মেয়েদের দূরে গিয়ে টিউশন পড়াও বন্ধ হয়ে গেল। সকলের ধারনা হলো মেয়েরা বাড়ির বাইরে গেলেই লাঞ্ছিতা হবে। এইভাবে মেয়েদের বিকাশের দ্বার বন্ধ হয়ে গেলো। এখানেই শেষ না। বেশ কয়েকবছর পর আবারো একটি ঘটনা।

অনিদের পাড়ার দুটি মেয়ে, অনির পাড়াতুতো পিসি, একদিন বিকেলে গেল উল কিনতে বাসস্ট্যান্ডে। আশেপাশে কাউকেই ওরা দেখেনি। নিজেরা গল্পে মশগুল ছিলো। তখনও ছিলো ক্ষেত ভরা পাটের জঙ্গল। অরুণা আর ঝিমলি দিনের আলোতেই গিয়েছিল বাসস্ট্যান্ডের বাজারে। ফিরছিলোও দিনের আলোতেই। অপরাধী হয়তো ওদের লক্ষ্যে রেখেছিল। ওরা যখন ফিরছিল তখন সন্ধ্যা হবে হবে। হঠাৎ আকাশে কালো মেঘ দেখে কালবৈশাখীর আশঙ্কায় দ্রুত ফিরছিলো। হঠাৎ অরুণা , গলায় রাখা ওড়নাতে পিছন থেকে টান অনুভব করলো। অরুণা ,ঝিমলিকে বলে উঠলো , 'কে গো ঝিমলি'? ব্যস্ তড়িৎ গতিতে পিছন থেকে ওড়না পেঁচিয়ে পাটের ক্ষেতে ঢোকানোর চেষ্টা। আকাশে কালো মেঘ, ঝড়ের আভাস, ঝিমলি পিছনে

তাকিয়েই দেখতে পেলো। দুজনে মিলে সেই অপরাধীর সঙ্গে লড়াই করলে হয়তো অপরাধী মূহুতেই পালিয়ে যেতে পারতো। কিন্তু নাহ্ ভয় পেয়ে ঝিমলি দৌড়-দৌড়-দৌড় লাগালো, পাড়ায় গিয়ে খবর দিলো। অরুণা অত্যন্ত শক্তিশালী স্বাস্থ্যবতী মেয়ে, বীর বিক্রমে লড়াই চালালো, তাই কিছুতেই ওকে বাগে আনতে পারছিলো না অপরাধী। হঠাৎ কারও জোর কর্ণস্বর শুনতে পেলো অরুণা "কে রা? কে রে,? কি হলো রে? পাটবনে কি হচ্ছে রে?" অপরাধী মুখ চেপে ধরার চেষ্টা করে অরুণার, যাতে আওয়াজ করতে না পারে। অরুণা এক ঝটকায় মুখ থেকে হাত সরিয়ে দেয় চীৎকার করে ওঠে , 'কে আছো বাঁচাও'। সেই জোড়ালো কন্ঠের মহিলা অরুণার পাশের পাড়ার বৌদি। তিনি জন মজুর খাটেন। শরীরে তাঁর অসম্ভব জোর, তিনি এত দ্রুত হাটেন যে তাঁকে মজা করে সকলে তাকে এক্সপ্রেস বলে। তিনি অতি দ্রুত ঐ পাটের ক্ষেতে ঢুকে অরুণাকে রক্ষা করেন। তার আগে অপরাধী ধরা পড়ে যাওয়ার ভয়ে অরুণাকে ছেড়ে পালিয়ে গিয়েছিলো। ঝিমলির কাছ থেকে খবর পেয়ে ইতিমধ্যে পাড়া থেকেও অনেকে এসে গিয়েছিলো ঘটনাস্থলে। অরুণা অত্যন্ত বিধ্বস্ত হয়েছিলো ঠিকই কিন্তু পাড়ার অনেক মানুষগুলোকে দেখে জোরে হেসে উঠলো। অরুণা সাহসের সঙ্গে লড়েছিলো , শেষ মূহুর্ত পর্যন্ত সাহস হারিয়ে ফেলেনি। তাই অপরাধী তার কোনো ক্ষতিই করতে পারেনি। কিন্তু ঐ এক্সপ্রেস বৌদি যখন হাত ধরে অরুণাকে বের করেছিলো ঐ পাট ক্ষেত থেকে ও পাড়ার সকলকে দেখে যেন স্বস্তি পেয়েছিলো। তারপর অত্যন্ত খুশি মনে বাড়ী ফিরেছিল। শুধুমাত্র নির্ভয় হবার কারণেই অরুণা বিজয়িনী হতে পেরেছিল। কিন্তু এই ঘটনার পরে গ্রামের মানুষ আরও যেন সংযত হয়ে গেলো। গ্রামের উচ্চমাধ্যমিক স্কুলেই উচ্চমাধ্যমিক পর্যন্ত মেয়েদের পড়াশোনা, এর বেশি আর নয়। দূরে কেউ ছাড়তে রাজি নয় মেয়েদের।

অনি তখন ছোট, ওর বড়দি উচ্চমাধ্যমিক পরীক্ষা দিতেই প্রশান্ত (ওর বাবা) তড়িঘড়ি বিয়ে দিয়ে দিলো। মেয়ের তাড়াতাড়ি বিয়ে দেওয়াকেই সকলে সহজ সমাধান বলে ভাবলো। এখনো পর্যন্ত তাই মেয়ে একটু বড়ো হলেই বাবা মায়েরা আত্মীয় পরিজনেরা বিবাহের তোড়জোড় শুরু করে। মেয়েরা একটি কেবল রক্ত মাংসের পিন্ড, তাদের প্রতিভা, বুদ্ধিমত্তা, এ সবের কোনো মূল্যই নেই। পৌরাণিক যুগে মেয়েরা কতো উন্নত ছিলেন, তাঁরা সমান তালে পুরুষের সঙ্গে তাল মিলিয়ে শাস্ত্রচর্চা করতেন, পুরুষের সঙ্গে তাল মিলিয়ে তর্ক করতেন শাস্ত্র নিয়ে, তর্কে জয়লাভ করতেন পুরুষকে

পরাজিত করে, এসব বর্তমান মেয়েরা জানতেও পারলো না। অজ্ঞানতার আবরণে তাদের বুদ্ধি আবৃত হয়ে গেল। মেয়েরা ছোট থেকে বিয়েকেই তাদের পরিণতি বলে জেনে এসেছে। এর বাইরে তাদের যে কিছু করণীয় আছে তা তারা ভাবতেই শেখেনি। ছোটবেলায় কেউ কেউ গান নাচ এসব শিখলেও বড়ো হবার সাথে সাথেই তার চর্চা বিলুপ্ত হয়ে যায়। শুরু হয় বিবাহের চর্চা ও প্রস্তুতি। মেয়েরা এখনো পর্যন্ত বাবা মায়েদের বোঝা। মেয়েরাও শ্বশুরবাড়ি যাবারই প্রস্তুতি নেয় ছোট থেকে এখানে। মেয়েরা যে যতটুকু পড়াশোনা শেখে তা কেবল সরকারী চাকুরীজীবী বা নিদেনপক্ষে একটা শিক্ষিত ছেলের সাথে বিয়ে হবে বলে। পাত্রপক্ষও যে শিক্ষিত মেয়ে চায় তা কেবল তার সন্তানদের পড়াশোনা শেখাতে পারবে, এবং বন্ধুবান্ধবদের কাছে বা আত্মীয়স্বজনের কাছে বলতে পারবে বউ শিক্ষিতা এইজন্য। লক্ষ্যপূরণ বলতে এটা। জ্ঞানলাভের জন্য শিক্ষাকে ভালোবেসে বা নিজে প্রতিষ্ঠিত হবার জন্য শিক্ষিত হয় না এখানকার মেয়েরা। এইভাবেই প্রতিদিন মেয়েরা অজ্ঞানতার বলি হচ্ছে।

অনি দেখেছে কম বয়সে অল্পশিক্ষিত মেয়েদের বিয়ে হয়ে যাবার ভয়ঙ্কর পরিণতি। বড়দির বিয়ের পর শ্বশুরবাড়িতে মানিয়ে নিতে কত কষ্ট। আর আজ ভাগ্যের বা নিয়তির খেলা বলে মানিয়ে নিয়েছে। আরও যাদের বিয়ে হলো বছর ঘুরতে না ঘুরতেই তাদের সন্তানের জন্ম হলো,ফুলের মতো সুন্দর হাসিখুশী মেয়েরা সংসার নামক নিয়তির বলি হলো। অনির মনে পড়ে,তৃষাদি তো কম বয়সে বাচ্চার জন্ম দিতে গিয়ে মারা গিয়েছিল। অণিমাদি তো শ্বশুরবাড়ির অযত্নে অপুষ্টিতে ভুগে ভুগে ক্ষয় রোগে মারা গেলো। মেয়েরা কত স্বপ্ন নিয়ে স্বামীর ঘরে যায়। বিয়ের আগে কত স্বপ্ন থাকে মেয়েদের। বিয়ের তিনদিন পেরোলেই সব স্বপ্ন চুরমার হয়। বুঝতে পারে অন্যের বাড়ীর মানুষগুলোর মন জোগানো , তাদের ইচ্ছার সঙ্গে তাল মিলিয়ে চলাই হলো বিয়েরআসল রূপ। শহরে যারা শিক্ষিত হয়ে চাকরি পেয়ে বিয়ে করছে তাদের অর্থনৈতিক স্বাধীনতা থাকলেও ঘর এবং বাইরে দুটো সামলানোর ঝক্কি সামলাতে হয়। অনি ভাবে মেয়েদের চিন্তাভাবনার জায়গাটা বদলানো দরকার, আমূল ভাবে পরিবর্তন দরকার। নতুনভাবে নতুন আঙ্গিকে ভাবতে হবে। তবেই সমাজের আমূল এবং কল্যাণকর পরিবর্তন হবে।

4

শিখার উপলব্ধি

অনির মনে পড়ে শিখাদির কথা। পূর্বে জমিদার ছিলো, এখন আর জমিদারি নেই। এমনকি ওদের অংশের জমিও জ্ঞাতিদের দখলে।শিখা অনির বড়দির বন্ধু ছিল। শিখা স্কুলের ফার্স্ট গার্ল ছিল, কিন্তু দূরে পড়তে যেতে হবে, দূরে কলেজ যেতে হবে বলে কলেজে পড়াটা আর হলো না। বলা ভালো ওর বাবা মা পড়তে দিলোনা। উচ্চমাধ্যমিকটাও পড়েছে সম্পূর্ণ জামাইবাবুর ভরসায়। ওর কোনো ভাই নেই, দুই বোন। বড়দি ওর চাইতে প্রায় দশ বছরের বড়ো। দিদির সাহস এবং সাহায্যেই ও উচ্চমাধ্যমিক পড়তে পেরেছিলো। দিদির শ্বশুরবাড়ি বেশি দূরে না হওয়ায় পড়তে যেতে হলে জামাইবাবুই দিয়ে আসতেন আর নিয়েও আসতেন। তারপর শিখা চাইলো কম্পিউটার শিখে জীবনে একটা কাজ জোগাড় করে নেবে যাতে পরবর্তীকালে বাবা-মার দেখাশোনা করতে পারে।কিন্তু না সেখানেও বাধা। বাবা, মা, একেবারেই তাদের মেয়েকে বাইরে বেরোতে দেবে না। অত্যন্ত অশান্তি বাড়ীতে। বাবা মা'র ধারনা বড়ো হলে মেয়েদের আর বাইরে বেরোতে নেই ,যে কোনো মুহুতেই মেয়েরা পুরুষের লাঞ্ছনার শিকার হতে পারে। এমন একটি বদ্ধমূল ধারণা ওর মা বাবা পোষণ করে মনে। এটা গ্রাম এখানে দিনের বেলায় কোন পুরুষ মেয়েদের অসম্মান করবে বলে ওৎ পেতে আছে? কাজ নেই কারোও বর্তমান ব্যস্ত সময়ে? শিখা বাবা মা কে বোঝাতে পারে না, তবুও নাছোড়বান্দা হয় সে। যাইহোক অনেক অশান্তির পরে শেষমেশ ভর্তি হয়েছিলো কম্পিউটার কোর্সে। কোর্স শেষ করে ওখানেই ওকে শিক্ষিকা হিসাবে নিলো। কিন্তু বাবা-মার মন চায় না। ও বোঝায় বাবা-মাকে তবু

বোঝে না। শেষে নিমরাজি হয়েছিলেন তাঁরা। একদিন ক্লাস করাতে গিয়ে শিখার বেশ দেরী হয়ে গেলো। অন্য একজন টিচার আসেনি বলে ওকে অতিরিক্ত ক্লাস নিতে হলো। ফেরার সময় একটু সন্ধ্যা হয়ে গেছে। ওর নিজেরই একটু ভয় ভয় করছে। ফোনে দেখলো বাবার দশটা মিসড্ কল। সাইলেন্ট ছিল মোবাইল ক্লাসে। তাই শুনতে পায়নি। বাসে উঠে বাবাকে বললো 'আসছি বাবা চিন্তা করো না, বাড়ী ফিরে কথা বলছি'। বাসস্টপেজে নেমেছে, রাস্তা খুব নির্জন। বাসটা ওকে নামিয়ে বেরিয়ে যেতে যেন চারিদিক শুনশান লাগছে। শীতের ঠাণ্ডা এখনও পড়েনি, কিন্তু ওর বেশ শীত শীত লাগলো। দ্রুত পা চালালো। মনে হলো পিছনে কারা যেন আসছে। পিছনে দেখলো চার-পাঁচজন ছেলে ওর পিছু পিছু আসছে। ওর হাত-পা অসাড় হয়ে যাচ্ছে। কপালে যেন ঘাম জমছে। মনে প্রশ্ন জাগলো এ সময় কেনো ঐ ছেলেগুলো পিছনে আসছে? ও আরও দ্রুত চলতে চাইলো সমস্ত শক্তি দিয়ে। বাবা মার কথা স্মরণ হলো। বাবা মা ঠিক কথাই বলেন, মেয়েদের বাইরে বেরোতে নেই। রোজ রোজ না হলেও যখন হোক কিছু একটা ঘটনা ঘটে যেতে পারে। শিখা যত দ্রুত চলে, ছেলেগুলোও তাল মিলিয়ে দ্রুত চলে,ওকে যেন ছুঁতে চায়। এখনও বাড়ী পৌঁছাতে বাকি কিছু রাস্তা পেরোতে হবে। বেশ ভয় ভয় করছে, হাত পা যেন অসাড় হয়ে আসছে, জোরে পা চালাতে চাইলেও পা জোরে চলছে না। ছেলেগুলো দ্রুত ওর কাছে চলে এলো । ও অত্যন্ত ভয়ে কিংকর্তব্যবিমূঢ় হয়ে মুখে হাত চাপা দিয়ে রাস্তায় বসে পড়লো, খুব কাঁপা কাঁপা গলায় বলল,

- 'আমাকে ছেড়ে দাও, ছেড়ে দাও প্লীজ'।

গোঙানির মতো শব্দ গুলো বলেই ব্যস্ নেতিয়ে পড়লো শিখা। ছেলেগুলো ওকে তোলার চেষ্টা করল ।

-'ম্যাম্ ম্যাম্ কি হলো আপনার' ? একটি ছেলে দূরে কল থেকে জল এনে ওর মুখে ছিটিয়ে দিলো , বললো

-'ম্যাম্ উঠুন, উঠুন ম্যাম্'।

আস্তে আস্তে চোখ খুললো শিখা, ছেলেগুলোকে দেখে আতঙ্কিত হলো। ছেলেগুলোর মধ্যে একজন জিজ্ঞেস করলো,

-'কি হয়েছে ম্যাম্, শরীর খারাপ আপনার' ?

গলার আওয়াজ শুনে শিখা আশ্বস্ত হলো, এরা নিতান্তই কিশোর ছেলে ? একজন বললো,

-'ম্যাম্ চলুন আপনাকে বাড়ী পৌঁছে দিয়ে আসি। আসলে আমরা একটা প্রয়োজনে আপনার কাছে এসেছি। রোজই আপনাকে দেখি বাস থেকে নামতে নয়তো উঠতে। আজকে আমরা আপনার সাথে কথা বলবো বলে অপেক্ষায় ছিলাম। কিন্তু নিজেরা গল্প করতে গিয়ে খেয়াল করিনি আপনি নেমে এগিয়ে এসেছেন'।

ছেলেদের কথা শুনে শিখা সোজা হয়ে দাঁড়ালো,বললো ,

- 'আসলে মাথাটা একটু চক্কর দিয়েছিলো'

বলেই মনে মনে হাসলো শিখা। তারপর জিজ্ঞেস করলো ,

-'কি প্রয়োজনের কথা বলবে বলছিলে' ?

একটি ছেলে বললো,

- 'আসলে আমরা উচ্চমাধ্যমিক দিয়ে সবে স্নাতক , প্রথম বর্ষে ভর্তি হয়েছি। আপনি রোজ যান আসেন দেখে আমরা খোঁজ নিয়ে জেনেছি আপনি কম্পিউটার শেখান । আমরাও এই কজন ভর্তি হতে চাই, কম্পিউটারের বেসিক কোর্সটা করতে চাই । এই সম্পর্কে একটু জানাবার ছিলো আপনার কাছে। কত কী ফী'জ, কতো দিনের কোর্স, কখন ক্লাস, এই সব বিষয়ে'।

শিখা স্বস্তির নিঃশ্বাস ফেলে বললো,

- 'আগামীকাল আমি কোর্স সম্পর্কে লেখা পেপার এনে তোমাদের দেবো। বাসস্ট্যান্ডে অপেক্ষায় থেকো,দিয়ে দেবো এবং এ সম্পর্কে বলেও দেবো সবকিছু। আজকে ভীষণ দেরি হয়ে গেছে, আসি এখন' ।

ছেলেগুলো বললো'

-'আমরা বাড়ীতে দিয়ে আসবো ম্যাম্, আপনার শরীরটা তো ভালো না' তাই না?'

শিখা বললো,

-'না না আমি যেতে পারবো, তোমরা এখন এসো' ।

ছেলেগুলো চলে গেলো। শিখাও হাঁটতে লাগলো । উফ্ কি না কি ভেবে প্রায় মরেই যাচ্ছিলো। ছোটো থেকে এক কথা শুনতে শুনতে মস্তিষ্কের ভিতরে যে প্রোগ্রামিং হয়েই আছে। পুরুষ তার দিকে আসছে মানে ধর্ষণ করতে আসছে, তার দিকে চেয়ে আছে মানে খারাপ কিছু ভেবে চেয়ে আছে। এসব নেগেটিভ চিন্তা করতে করতেই মানুষের প্রতি খারাপ ধারণা হয়ে যাচ্ছে । যেনো পৃথিবীটা ধর্ষকদের রাজত্ব, কেবল ধর্ষকরাই ঘুরে বেড়াচ্ছে। নিজেকেই কিরকম খারাপ লাগছে । ছিঃ ছেলেগুলোকে কত খারাপ ভাবছিলো সে। ভাবনাটা এতো গভীর যে অজ্ঞান হয়ে গিয়েছিলো প্রায়। তবে এই অনুভূতিও

হলো যে মেয়েরা এভাবে পূর্বেই বেশি বেশি ভেবে নিয়ে সর্বশক্তি হারিয়ে ফেলে, লড়াই করার বা প্রতিবাদ করার জোর আর পায় না । তাই মরার আগেই মরে যাবার মতো হয়ে গিয়ে,দুর্বৃত্তদের কাছে নিজেই যেনো নিজেকে তুলে দেয়। এর কারণ সেই শৈশব থেকে বাড়ীর বড়দের বলা কথাগুলো-'সন্ধে হয় না যেনো, তার আগে বাড়ি ফিরে আসবে', 'ছেলেদের সাথে কথা বলা উচিত না', 'তুমি বড় হয়ে গেছো' , 'বড়ো হলে একা একা বাইরে যাওয়া উচিত না, যখন হোক কিছু দুর্ঘটনা হয়ে যাবে' । মেয়েরা যেনো কেবল একটি শরীর মাত্র ,যার মাংসটা অত্যন্ত সুস্বাদু,আর তা খাবার জন্য শিকারী পশুরা ও পেতে আছে, বেরোলেই খেয়ে ফেলবে। একবার কেউ ভেবে দেখে না যে যাদের কে পশু ভাবছে তাদের প্রত্যেকের বাড়িতেই মেয়ে, মা, বোন সবই আছে। আসলে এই ধরণের ভাবনাগুলোই মেয়েদের জন্য ক্ষতিকারক, যেগুলো বাবা-মা গুরুজনেরাই মেয়েদের মধ্যে বিঁধিয়ে দেয়। আর আপৎকালে মেয়েরা ওই ছবিটাই চোখের সামনে দেখতে পায় আর মরার আগেই মরে যায়। মাথা আর তাদের সেসময় কাজ করে না, শরীরের জোরও হারিয়ে ফেলে। লড়াই না করে একপ্রকার নিজেকে সমর্পণ করে দেয় বিপদের মধ্যে। শিখা যখন বাড়ী পৌঁছালো দূর থেকে দেখলো অত্যন্ত উদ্বেগে বাবা পায়চারি করছেন, অত্যন্ত চিন্তিত। শিখা ঘরে ঢুকতেই একরাশ প্রশ্নবাণ, - 'এতো দেরি কেনো, ফোন ধরিসনি কেন ? কোনো বিপদ হয়েছিলো নাকি ? একটা ফোন করা যেতো না ? আমরা কতো চিন্তা করছি। মেয়েমানুষ কোনো বিপদ যদি ঘটে, দেরী করার কী আছে ? ঐ জন্যই...'

- "ব্যাস্ ব্যাস্ বাবা চুপ করো, প্লীজ চুপ করো। থারাপ কথা ছাড়া কিছু ভাবতে পারো না, না ? সারাজীবন এই থারাপ চিন্তা করে করে আমার জীবনটার কতো ক্ষতি করেছো ভাবতে পারো ? দেড়শো কোটি মানুষের মধ্যে প্রায় ৭৫ কোটি মহিলা, তার মধ্যে প্রায় ৫০ কোটি কম বয়সী মহিলা অবশ্যই হবে। সকলেই বাড়ীর মধ্যে ঢুকে বসে আছে ? বাড়ীতেও কি মেয়েরা নিরাপদ ? তোমার এসব ভাবনা দিয়ে আমাকে কতোটা পিছিয়ে দিয়েছো তুমি জানো ? তোমাদের মতো বাবা মায়েরা নিজেরা থারাপ চিন্তা করে এবং মেয়েদের মাথাতে এসব ঢুকিয়ে দিয়ে তাদের দৃষ্টিভঙ্গিটাই পাল্টে দাও, তাদের দুর্বল করে দাও বলেই মরার আগে তারা মরে যায়। অনেক চিন্তা করেছো ,আর কোরো না বাবা। দুর্ঘটনা ঘটলে ঘটুক, আমি ঠিক সামলে নেব জীবন কে নতুন করে ঠিক গড়ে নেবো। যদি কোনো

দুর্ঘটনার স্বীকার হয়েই যাই, তাহলে ক্ষতি বলতে কি হবে, আমার বিয়ে হবে না, লোকে নিন্দা করবে, এই তো ? ওসব সহ্য করে নিও একটু। আর বিয়ে ? ওটা না হওয়াই ভালো বাবা। এখানে তোমাদের কে দেখবে বলো ? বিয়ের নামে লোকের বাড়ী বিনা পয়সায় শোষণ হওয়ার চাইতে এ বরং ভালো আছি। ঘরে বসো, চা করে দিচ্ছি'।

শিখার বাবা তার মেয়ের এই রুপ আগে কখনো দেখেননি। তার শান্ত মেয়ে আজ এরকম হয়ে গেলো কিভাবে ? তার কি সত্যিই অনেক ভুল হয়েছে ? চিন্তা ভাবনায় ভুল ছিল তার?

শিখা চা করে বাবাকে দিয়ে বলে,

-'শোনো বাবা উল্টোপাল্টা চিন্তাভাবনা ছাড়ো। শুধু ভয়ের চিন্তা না করে, আমার মাথায় ভয়ের চিন্তা না ঢুকিয়ে ভালো চিন্তা করো, আমাকে মানুষ ভাবো। আমার ভিতরেও একটা সত্তা আছে,রে নিজের কল্যাণের কথা, নিজেকে সুরক্ষিত রাখার কথা চিন্তা করে। সারাজীবন একতাল মাংসপিন্ড ভেবে এসেছো, যেটা বাইরে বেরোলে হায়না, বাঘ, সিংহ বাইরে ঘুরে বেড়াচ্ছে খেয়ে ফেলবে, এসব ভেবেছো। আমার প্রতিভা, বুদ্ধি, বিদ্যার কোনো মূল্যই তোমার কাছে নেই। আমাকে তুমি অনেক অসম্মান করেছো বাবা এইসব ভাবনা ভেবে। এবার থেকে ভয় না পেয়ে, ভয় না দেখিয়ে, বাড়ী থেকে যখন বেরোবো বোলো "এগিয়ে যাও" , "জয় হোক"। নারী মানেই আদ্যশক্তি মহামায়া। বাবা হয়ে, দাদা হয়ে, ভাই হয়ে, স্বামী হয়ে, ছেলে হয়ে তোমরা কেবল আদ্যশক্তিকে পেষণই করে গেলে, সংকীর্ণ দৃষ্টিতেই দেখে গেলে। এবার দৃষ্টিভঙ্গি পাল্টাও বাবা'।

শিখা মাকে চা দিয়ে আসে। নিজে হাতে মুখে একটু জল দিয়ে চা নিয়ে বসে। আজ তার অনেক হালকা লাগছে। এই কথাগুলো আগে যদি বলতে পারতো তাহলে তার জীবনটা হয়তো অন্যরকম হতে পারতো। যাইহোক এখন অনেক কাজ পড়ে আছে। বাবা, মাকে সামান্য মুড়ি মেখে দুটি বাটিতে দিয়ে আসে। আজ জলখাবার দিতে দেরী হয়ে গেল, তার নিজেরই ফিরতে দেরি হয়েছে এইজন্য। এখন বেশী কিছু খেতে দিলে রাতের খাবার খেতে অসুবিধা হবে। এরপর শিখা সামান্য গরমজল করে হাত মুখ ধুয়ে সারা শরীর মুছে নেয়। এরপর তাড়াতাড়ি আটা মেখে রুটি করে নেয়। সকালে বেশী করে রান্না করে রাখে, যাতে বিকালে তাড়াহুড়ো করতে না হয়। তরকারি বের করে গরম করে নেয়। ফ্রিজে রসগোল্লা ছিল। দুপুরের মাছের ঝোল,

রসগোল্লা, রুটি দিয়ে মা বাবাকে খেতে দেয়। তারপর নিজে খেয়ে সমস্ত বাসন ধুয়ে, চারিদিক পরিস্কার করে শুতে যায়। মা অসুস্থ বলে ও রাতে দরজায় কখনো খিল আটকায় না, কেবল বন্ধ করে রাখে দরজার পাল্লা দুটো। বহু পুরাতন আমলের বাড়ী ওদের। শুয়ে পড়ার পর হঠাৎ দরজায় সামান্য আওয়াজ হলো। উঠে পড়ে শিখা। দরজাটা খুলে দেখে বাবা দাঁড়িয়ে।

- 'বাবা কি হলো ? শরীর খারাপ লাগছে ? কিছু লাগবে তোমার' ?

- 'না মা, কিছু লাগবে না । পারলে এই বাবাকে ক্ষমা করে দিস্ । তোকে আমরা সারাজীবন বেঁধে রেখেছি, স্বাধীনতা দিইনি, স্বার্থপরের মতো নিশ্চিন্ত হতে চেয়েছি, তোকে বেরোতে না দিয়ে। তোর মাথা অত্যন্ত ভালো হওয়া সত্ত্বেও পড়াশোনা করতে দিইনি, দূরে যেতে হবে বলে। আর আজ তোর ওপরই আমাদের ভরসা করতে হচ্ছে। ব্যাংকের কাজকর্ম, আমাদের ডাক্তার দেখানো, ওষুধ নিয়ে আসা, ইলেকট্রিক বিল জমা, দোকান, বাজার এছাড়া যাবতীয় কাজ তোকেই করতে হয়। আজও নিজেদের স্বার্থেই তোকে বাইরে পাঠাচ্ছি। আজ বুঝতে পারছি আমরা বাবা-মায়েরা কল্যাণের নামে নিজেদের স্বার্থের বোঝা সন্তানের উপর চাপিয়ে দিই। আমায় তুই ক্ষমা করিস মা'।

শেষ কথাগুলো বলতে গিয়ে গলা ধরে আসে। শিখা বলে

- 'এখন এসব ভেবে লাভ কি ? সময়টা চলে গেছে। তুমি জানোই বাবা, আমি একটু বেশি ক্লান্ত , সকালে অনেক কাজ, তারপর কম্পিউটার শেখানো। ঘুমোতো যাও বাবা আমারও ঘুম পাচ্ছে। বাবা আমাকে তুমি ক্ষমা কোরো। আজকে অনেক ধকল গেছে, তাই মাথা ঠিক রাখতে পারিনি। তুমি কিছু মনে কোরো না বাবা। আর শোন বাবা, যা করেছো তা না ভেবে, নতুন করে চিন্তা করো, যাতে বাকী দিনগুলোয় অন্তত আমি নির্ভীক স্বতন্ত্র হতে পারি। বাইরের জগৎটা মেয়েদের জন্য, বর্তমানে কেন কখনোই নিরাপদ ছিল না। কিন্তু তাই বলে ভয় পেয়ে বাড়িতে বসে থাকলেও তো চলবে না । জগৎ সংসার তো আমার জন্য বসে থাকবে না তাই না বাবা? নিরাপত্তার জন্য বাড়িতে বসে থাকাটা সমস্যার সমাধান হতে পারে না। তেমন জলে ডুবে যদি মরতে না চাও , তাহলে সেই জলে নেমেই বুদ্ধি করে সাঁতার শিখে নিতে হবে। তাহলে জল আর

তোমাকে ডুবিয়ে মারবার ভয় দেখাতে পারবে না। তেমন সচেতন ভাবে চোখ কান খোলা রেখে বাইরে বেরোলে, নিজেকে নিরাপদ রাখার কৌশল মেয়েরা শিখে নিতে পারে। বাড়িতে বসে থাকাটা কখনো নিরাপত্তার সংজ্ঞা হতে পারে না বাবা। তুমি সারাজীবন ভয় পেয়ে এসেছো , আর আমাদের ও ভয় পেতেই শিখিয়েছো । তোমার এই ভয় পাবার কারণেই আজ আমাদের জমির ফসল অন্যের বাড়িতে ঢুকছে। আমাদের ধানে তাদের গোলা ভর্তি হচ্ছে। আমাদের আলু, বাদাম তাদের খামারে ভর্তি হচ্ছে। তুমি যদি সাহস করে রুখে দাঁড়াতে, আমাদের ও শেখাতে রুখে দাঁড়াতে তাহলে এই দিনটা দেখতে হতো না বাবা। বাবা ভয় পেয়ে হাত পা গুটিয়ে বসে থাকাটা কোনো সমস্যার ই সমাধান হতে পারে না । ভয় একটা মনের অসুখ, যতো বেশি প্রশ্রয় দেবে ততো বেশি বেড়ে উঠবে। আর যদি তুমি তার বিরুদ্ধে রুখে দাঁড়াও তাহলে ভয় নিজেই ভয় পেয়ে পালিয়ে যাবে। আর যে বিষয়ে আমরা যতো বেশি অজ্ঞ থাকি সেই বিষয়ে আমরা ততো বেশি ভয় পাই। শুয়ে পড়ো বাবা, অনেক রাত হয়ে গেল। রাত জাগলে শরীর খারাপ হবে বাবা। যাও শুয়ে পড়ো' ।

শিখা একটা বড়ো শ্বাস ফেলে । বুঝতে পারে না এটা তার স্বস্তির শ্বাস কিনা।

হঠাৎ চিংকীর আওয়াজ

-'দাভাই , দাভাই কোথায় তুই? চা নিয়ে যা'।

অনির ভাবনায় ছেদ পড়ে। শিখাদি এখন একটা বড়ো কোম্পানিতে চাকরি করে। একজন বড়ো ব্যবসায়ীর সঙ্গে বিয়ে হয়েছে। এখন সমান তালে বাপের বাড়ি ও শ্বশুরবাড়ি সামলাচ্ছে। বাবা মার জন্য দিন রাতের আয়ার ব্যবস্থা করে দিয়েছে। শিখাদির মানসিক দৃঢ়তা তাকে সকল সমস্যা থেকে মুক্তি দিয়েছে।

৫

নির্মলার উদ্ধার

-'মা, একে একবার দেখুন মা। এই মেয়েটি গতকাল আত্মহত্যা করতে গিয়েছিল। আমাদের লোকেরা খবর পেয়ে ওর বাড়ীর লোকেদের সাথে কথা বলে এখানে এনেছে'।

মা জগদম্বা মেয়েটিকে একবার দেখে নেয় পরম মমতায় ভালোবাসায়। মেয়েটির চোখে আতঙ্ক, অসহায়তা, আর লজ্জায় কুঁকড়ানো দিশাহীন দৃষ্টি।

মা জগদম্বা তাঁর আনন্দমাখা সুরে জিজ্ঞেস করলেন,

-'কিছু খেতে দিয়েছো ওকে' ?

- 'না মা, ও কিছুই খায়নি, ওকে খেতে দেওয়া হয়েছিল কিন্তু খেলোনা'।
- 'মা তোমার নাম কি ? আচ্ছা থাক নাম বলতে হবে না, তোমার সঙ্গে পরে আলাপ হবে, কেমন ? এখন বলো খাওনি কেন ? খিদে পাচ্ছেনা'?

নির্মলা ভাবে কে এই দেবী ? এতো মধুর স্বরে তাঁর সাথে কথা বলছে কে ইনি ? আজ কতদিন তার সঙ্গে ভালোভাবে কেউ কথাই বলেনি। আর এতো সুন্দর স্বরে তো কেউই ,কখনোই তার সাথে কথা বলেনি। মনটা এমনিই ভালো হয়ে যায়, এমন কথায়। সে একজন অজ পাড়াগাঁয়ের অশিক্ষিত মেয়ে। শরীরে লাবণ্য থাকলেও, গরীব বাড়ীর মেয়ে সবসময় ঠিকমতো যত্ন করতে পারে না নিজের শরীরের। বাবা দিনমজুর, লোকের চাষাবাদে সাহায্য করে। মা হাঁস, মুরগী, ছাগল পালন করে। মোটামুটিভাবে সংসার চলে যায়। ওর দিদির বিয়ে হয়ে গেছে। সংসারে মায়ের কাজে নির্মলা মাকে সর্বদাই

সাহায্য করে। প্রতিদিন ছাগল গুলোকে মাঠে চড়তে দিয়ে আসে। বিকেলে সে নিজে নয়তো ওর মা গিয়ে নিয়ে আসে। সেদিন সন্ধ্যার মুখে ছাগলগুলো আনতে গেল, যেন অপরাধী ওৎ পেতে ছিল। ছাগল নিয়ে বাড়ীর পথে পা বাড়াতেই পিছন থেকে একজন ওর মুখ চেপে ধরে। দীর্ঘক্ষণ টানা হেঁচড়া চলতে থাকে। ছাগলগুলো পরিত্রাহী চিৎকার করতে করতে বাড়ির দিকে চলে যায়। খোলা মাঠের মধ্যে আধো আলো আঁধারিতে নির্মলা লড়াই করতে থাকে। পরিশ্রমী মেয়েকে বাগে আনতে না পারলেও তার জামা ছিঁড়ে যায় অনেক জায়গায়। এমন সময় কারোও আওয়াজে অপরাধী তৃষ্ণার্ত হয়েই দৌড়ে পালায়। নির্মলাও দৌড়ে হোঁচট খেতে খেতেই বাড়ী ফিরে আসে। সামান্য আলোয় ওর মা ওর গায়ের জামাটার এরকম শতচ্ছিন্ন অবস্থা দেখে ভয়ার্ত চোখে জিজ্ঞাসা করে,

    -'কিহ, কি হয়েছে তোর ? নির্মলা বলে 'চুপ করো মা, কিচ্ছু হয়নি' - -- কিচ্ছু হয়নি'।

- 'তাহলে তোর এরকম দশা কেনো'?

    নির্মলা সব কিছু খুলে বলে তার মাকে। মেয়ের কাছ থেকে বৃত্তান্ত শুনে মা আশ্বস্ত হয়। তারপর সেই সন্ধ্যায় নিশ্চিন্ত হয়ে নতুনভাবে ওদের কাজকর্ম শুরু হয়। রাতের আহার সেরে নিশ্চিন্ত হয়ে তিনজনে ঘুমোতে যায়। কিন্তু সকালটা যেন অন্যরকম ছিল। সকালের চা খেয়ে, হাতের কাজগুলো সেরে যখন ছাগল নিয়ে নির্মলা বাড়ী থেকে বেরোলো তখন প্রতিবেশীদের ফিসফিসানি শুরু হলো নির্মলা বুঝতে পারে না। ঐ ফিসফিসানি যেন তাকে ঘিরেই কিন্তু কি কারণ ? নির্মলা মাঠে যায় ছাগলগুলোর ঘুঁটো পোঁতে, ছাগলগুলোকে বেঁধে যখন বাড়ি ফেরৎ আসবে তখন কয়েকজন দিনমজুর মেয়ে ওর কাছে হাসিহাসি মুখ নিয়ে বললো,

    -'এই তোর কাল কি হয়েছিলো রে? হি হি হি হি'।
    গলার আওয়াজটা ফিসফিসিয়ে' খুব গদগদ হয়ে বললো,

- 'তোর চেনা মরদ ছিল না কি রে ?'

    নির্মলা অবাক হলো ওদের ব্যবহার দেখে। বললো,
    -'তোমরা কি বলছো, বুঝতেই পারছিনা'।

মজুর মেয়েরা বলে উঠলো,

* 'উঁহুঁ ন্যাকা, বেশতো কাল মজা লুটে নিলি এখন আবার ন্যাকাপোনা ,সতীপনা দেখাচ্ছিস?। আ়যই চলতো চল, ন্যাকা সাজছে, সতীপনা দেখাচ্ছে'।

নির্মলা হতভম্ব হয়ে টলতে টলতে বাড়ীতে আসে। ঐ একরকম অবস্থা ওর মা বাবারও। মা পুকুর ঘাটে, পাশের বাড়ীর কলতলায়, বাড়ীর পিছনে ঝিঙের খেতে যেখানেই যায় ঐ একই ফিসফিসানি, একই চোখ মটকানো, খিলখিলিয়ে হাসি শুনতে থাকে। ওর বুকের রক্ত হিম হয়ে যায়। নির্মলার বাবাকে তো পাড়ার মাতব্বরা বলেই ফেলে,

* 'গোপাল তোমার মেয়ের নামে যা শুনলুম তাতে তো ওর বিয়ে দেওয়া খুব মুশকিল হবে। সবাই জানাজানি হবার আগে তুমি বরং ওকে দূরের কোনো আত্মীয়ের বাড়ীতে নিয়ে গিয়ে যা হোক করে বিয়ে দিয়ে দাও। নাহলে এরপর তুমি আর বিয়ে দিতে পারবে না মেয়ের'।

গোপাল কারণ জিজ্ঞেস করতে গিয়েও পারে না, বাকরুদ্ধ হয়ে যায় অজানা আশঙ্কায়। বাড়ী ফিরে আসে। নির্মলার মায়ের কাছে জানতে চায়, কি এমন ঘটনা ঘটলো যার জন্য তাকে সকলে এরকম বলছে? নির্মলার মা যখন সব ঘটনা বললো তখন কান্নায় ভেঙে পড়লো গোপাল। নির্মলাও একদম শান্ত, স্থবির। ছাগলগুলোও খিদেয় মরছে, বাড়ীতেও রান্নার ঠিক নেই। বাড়ীর বাইরে বেরোনো ওদের কাছে আতঙ্কের মতো। কি থেকে কি হলো, কি তাদের অপরাধ তারা জানে না। ক্রমশ গুম হয়ে থাকতে থাকতে বাড়ীতে লন্ঠনে আর বোতলে যতটুকু কেরোসিন ছিল ,সেটা নিজের গায়ে ঢেলে ফেলে, মেয়ের জন্ম দেবার অপরাধ থেকে বাবা মাকে মুক্ত করার জন্য। কেরোসিনের গন্ধ পেয়েই ওর মা দৌড়ে আসে। বিছানায় ফেলে গড়িয়ে দেয় নির্মলাকে। আগুন নিভে যায় ওর চামড়া ছোঁবার আগেই।

এই আশ্রমের সদস্য আশেপাশের সব গ্রামেই আছে।তারাই খবর পেয়ে নির্মলা কে উদ্ধার করে এখানে নিয়ে আসে।

6

আশ্রমে নির্মলা

জগদম্বা মা বলে,

- 'মা বলতো "ওঁ ভূর্ভুবঃ স্বঃ তৎ সবিতুর্বরেণ্যং ভর্গোদেবস্য ধীমহি ধী যো যো নঃ প্রচোদয়াৎ ওঁ"।'

নির্মলা মা জগদম্বার সঙ্গে সঙ্গে গায়ত্রী মন্ত্র উচ্চারণ করে।

- 'আবার বলো । "ওঁ ভূর্ভুবঃ স্বঃ তৎসবিতুর্বরেণ্যং ভর্গোদেবস্য ধীমহি ধী যো যো নঃ প্রচোদয়াৎ ওঁ"।'

- 'আবার বলো'। "ওঁ....."।'

এইভাবে তিনবার নির্মলাকে গায়ত্রী মন্ত্র উচ্চারণ করানো হলো। তারপর তিনি জিজ্ঞাসা করলেন,

- 'মা তুমি এর মানে জানো'? নির্মলা মাথা নাড়ে না'সূচক, তিনি বললেন

-জগৎ প্রসবকারী ও সর্বব্যাপী সর্বলোকের প্রকাশক সেই পরম দেবতার বরেণ্য জ্ঞান ও শক্তিকে ধ্যান করি, তিনি আমার বুদ্ধিকে সত্যের দিকে চালিত করুন। এইভাবে ক্রমাগত এই মন্ত্র তাকে শেখানো হল।

তিনি বললেন যাও এবার স্নান সেরে নাও । তারপর ধ্যানকক্ষে গিয়ে ঐ মন্ত্র অথবা মন্ত্রের অর্থ ক্রমাগত মুখে উচ্চারণ করে ধীরে ধীরে একমনে জপ করতে থাকো। যখন খিদে পাবে তখন কাউকে বলবে খাবারের জন্য। আজকে এরকমই চলবে। বিশ্রাম নিতে চাইলে বিশ্রাম নিতে পারো। আজকে তোমার এই জপ যতটা পারো করো। মনটা আজকে এই জপে নিযুক্ত রাখো।

আগামীকাল থেকে আশ্রমে যে সময় যা হয় তা বুঝে নিয়ে সেই মতো চলবে।

আশ্রমবালিকা নির্মলাকে নিয়ে চলে গেলো। এর মধ্যেই নির্মলা বেশ হালকা মনে করে নিজেকে। মনে মনে প্রশ্ন জাগে তার , এটা কি ঐ মন্ত্র উচ্চারণের ফল? কি এর আগে তো এরকম হালকা মনে হচ্ছিলো না । বুক ভর্তি চাপা কান্নায় জর্জরিত ছিল সে। কয়েকবার ঐ মন্ত্র উচ্চারণের পরেই তার কষ্টগুলো আপাতত যেন উধাও হয়েছে মনে হোলো। নির্মলা হঠাৎ উপলদ্ধি করে ঈশ্বর যা করেন তা সত্যিই মঙ্গলের জন্য করেন। ঐ ঘটনা না ঘটলে, এত মানসিক যন্ত্রনায় না পড়লে বা আত্মহত্যার মতো ঝুঁকি না নিলে বা নেবার মতো অবস্থায় না পড়লে সে আজ এই জায়গায় এসে পৌঁছাতো না । ঐ দেবীর দর্শন হতো না। এখানে কেউ তাকে দেখে হাসছে না,বা অনুকম্পার দৃষ্টিতেও দেখছে না। সে যেন একটা ছোট্ট বালিকা এখানে এসে পড়েছে । তাই এরা তাকে যেন সব কিছু শিখিয়ে দিচ্ছে। নিজেকে সে ধন্য মনে করল। মনে হলো সব ঘটনা ইশ্বর প্রেরিত, খারাপ কিছু না। কত মেয়ে বা পুরুষ সামান্য ঘটনায় হার মেনে আত্মঘাতী হয় অথচ সব কিছুরই সমাধান আছে। গতকাল সে ও ভেবেছে মৃত্যুই সমাধান । আজ মনে হচ্ছে কি অপূর্ব হতে পারে জীবন। আশ্রম বালিকা তাকে একপ্রস্থ পরার শাড়ী এনে দেয়, তার মাপের ইউনিফর্ম তৈরী নেই তাই শাড়ীই দেওয়া হল । সেসব নিয়ে নির্মলা স্নানঘরের দিকে এগোলো।

৭

অনির অনুপিসি

আজ অনির মা শ্রীলার শরীর ভালো নেই, জ্বর এসেছে। তাই অনিই মায়ের কাজগুলো সেরে নেবার চেষ্টা করছে। মায়ের গোপাল সেবা, মায়ের ওষুধ খাওয়া, জলখাবার বানানো, মাকে খাওয়ানো ইত্যাদি। এরপর নিজে খেয়ে সে কলেজ বেরোলো। যাবার সময় শ্রীমাদিদের বাড়ী হয়ে যেতে হবে। শ্রীমাদির কাছে সঞ্চয়িতা আছে , ওর দরকার । কলেজ যাওয়ার পথে অনি শ্রীমাদির সাথে দেখা করে গেলো। শ্রীমাদির মা নেই, বাবা জমিতে গেছে চাষের কাজে। শ্রীমাদি একা হাতে রান্না সামলাচ্ছে। শ্রীমাদির ভাই রাতুল , অনির থেকে বছর তিনেকের ছোটো। পড়াশোনা , বন্ধু বান্ধব আর আড্ডা এই নিয়েই থাকে সে। অনি রাস্তায় যেতে যেতে দেখলো যে শ্রীমাদির ভাই রাতুল ওর সমবয়সীদের সাথে আড্ডায় মশগুল। পাশ দিয়ে যেতে যেতে শুনতে পেলো রাতুলদের ফিস্ট হবে । অর্থাৎ থানিকটা মাংস কিনে বাড়ির বাইরে বন্ধুদের সঙ্গে রান্না করে খাওয়া। এইরকম আনন্দ লাভের উপায়কে খুব পৈশাচিক মনে হয় অনির । কোনো কাজ নেই অতএব আনন্দ করো, কাউকে হত্যা করে তার মাংস দিয়ে নিজেদের জিভের স্বাদ বদল করো। তাও আবার বাড়ীর সকলের সঙ্গে না, কিছু উদ্ভ্রান্ত বন্ধুদের সঙ্গে , যারা নিজেরাই জানেনা সুন্দর জীবনের অর্থ ও তা লাভ করার উপায় । অনি চলে যায় ওর পথে। আজও অনুপিসিকে দেখলো, খুব তাড়াতাড়ি যাচ্ছেন অনির আগে আগে। এই অনুপিসি সম্পর্কে অনি খুব কম জানে। অনুপিসি অত্যন্ত শিক্ষিতা । কিন্তু কোনো চাকরি করেন না । বিবাহিত ও নন অথচ উনি খুব ব্যস্ত। অনি জানেনা কেন ? শুধু জানে উনি কোনো একটি আশ্রমের সাথে যুক্ত আছেন।

অনি যখন খুব ছোট ছিলো অনুপিসি প্রায়শই রবিবার বা অন্যান্য ছুটির দিনে অনিদের বাড়ী যেতেন। খুব ভালোবাসতেন তিনি অনিকে। অনুপিসিকে দেখলেই অনি দৌড়ে গিয়ে কোলে উঠে পড়তো। ছোটমুখে নানান কবিতা শোনাতো। হয়তো অনুপিসিকে শোনাবে বলেই, ইংরেজী ছড়া, ছোট ছোট বাংলা ছড়া মুখস্থ করে রাখতো। অনুপিসিও তাঁর এই ছোট্ট ননীগোপালের মুখে পড়া শুনে খুব খুশি হতেন। তারপর ধীরে ধীরে অনির ছড়া কবিতা যেন অন্যরকম হয়ে গেলো। অনি তখন ক্লাস ফাইভে পড়ে, অনুপিসি ওদের বাড়ী আসতেই ও শোনালো

"জেসে তিল মে তেল হ্যায়

চন্দন মে হ্যায় আগ।

তেরা সাঁই তুঝ মে হী হ্যায়

তু জাগ সকে তো জাগ"।।

-(তিলের মধ্যে যেমন তেল পূর্ণ হয়ে আছে , চন্দন কাঠের মধ্যে যেমন অগ্নি আছে তেমন তোমার ইশ্বর তোমার মধ্যেই আছে, তুমি সেই ঈশ্বরত্ব কে জাগাতে পারো তো জাগাও, ঐ ইশ্বর কে জানো।)

ঐ দোঁহা শোনার পর অনুপিসি নীরব হয়ে গেলেন। মনে জিজ্ঞাসা হলো তাঁর ,অনি কিভাবে জানলো, এ দোঁহা অনুপিসিকেই বলতে হবে? ও কি তবে এই দোঁহার মানে জানে? ছোটদের কার্টুন দেখে অনি যে একটু একটু হিন্দি জানে, এটা সবাই জানে বাড়ীতে, কিন্তু এই দোঁহার গভীর অর্থ ও কেমন করে জানে?

সেদিন থেকে অনির প্রতি অনুপিসির দৃষ্টিভঙ্গি বদলে গেলো। এ তো আর পাঁচটা সাধারণ বাচ্চার মতো নয় তাহলে। তারপর যতবার অনুপিসি ওদের বাড়ী এসেছে। অনি ওর বাবার ফোনে সংস্কৃত শ্লোক রেকর্ড করে রেখেছে শোনাবে বলে। (সেসময় স্মার্টফোন ছিলনা)। শ্রীলা ব্যাপারটা ভালো চোখে দেখলো না। তার ছেলেও কি শেষে ব্রহ্মচারী হয়ে যাবে, অনুর মতো? এরপর থেকে ছুটির দিনগুলোতে অনু আসার আগে অনিকে ওর বাবার সাথে ওদের দোকানে পাঠিয়ে দিতো বা অন্য কোনোও ছুতোয় সরিয়ে রাখতো। কতবার অনুপিসি হয়তো ফিরে যাচ্ছে, অনি ছাদে উঠে চিৎকার করছে, - 'পুসুন এসো, যেয়োনা, এই তো আমি। এই তো দেখো একবার'।

অনুপিসি দূরে চলে গেছে, ওর কথা শুনতে পায়নি। ধীরে ধীরে অনু বুঝে যায়। অনিদের বাড়ি আসা একেবারেই বন্ধ হয়ে যায়। আর সময়ও হয় না বর্তমানে। তবুও তার ননীগোপালকে দেখলে আজও তার গতি শ্লথ হয়ে যায়।

অনিও তার পুসুনের দিকে তাকিয়ে থাকে। এ এক অজানা বন্ধন, আত্মায় আত্মায় চেনা।

অনিও তার পুসুনের দিকে তাকিয়ে থাকে। এ এক অজানা বন্ধন, আত্মায় আত্মায় চেনা।

8

রাতুলের জাগরণ

পরেরদিন সকালে অনি দেখলো মায়ের জ্বরটা কম আছে। কিন্তু বিছানা থেকে মাকে উঠতে দিল না।

- 'পরে উঠবে মা, আমি তোমার কাজগুলো মোটামুটিভাবে সেরে দিচ্ছি। রান্নাটাও আজ করে নেবো, কলেজে যাবোনা আজকে আর। কদিন পর পরীক্ষা, কলেজে ক্লাসও ভালো করে হচ্ছে না। তুমি শুয়ে থাকো, চা বানিয়ে দিচ্ছি, আগে গোপালের সেবাটা দিয়ে দিই। তারপর তোমায় চা দেবো'।

এমন সময় রাতুল এলো। এই বাড়িটা রাতুলের খুব ভালো লাগে। তাই সময় নিয়ে আসে। কি অদ্ভুত শান্তি বিরাজ করে এই বাড়িতে। অনি স্নান সেরে গোপালকে সেবা দিয়ে, চা বসালো।

- 'রাতুল বসে পর, যাবি না'।

রাতুলের হাতে বই। সঞ্চয়িতা। রাতুল বলল,

- 'এই নাও অনিদা , দিদি দিলো'।

অনি বললো,

- 'যা টেবিলে রেখে আয় আমার ঘরেতে'।

বইটা রেখে রাতুল অনির কাছে এলো। অনি তখন ব্রেডে বাটার লাগিয়ে চা কাপে ঢেলে রাতুল কে দিলো। মাকে দুটো বিস্কুট দিয়ে চা দিয়ে এলো। মায়ের শরীর টা দুর্বল আছে। পাউরুটি চা খেলে অ্যাসিড হয়ে যেতে পারে। এরপর চা বিস্কুট নিয়ে নিজে বসলো। রাতুল বললো,

• 'অনিদা তুমি এসব করছো কেনো ? এসব তো মেয়েরা করে, ঘরের কাজ, রান্না, পুজো এসব তো মেয়েদের কাজ'।

অনি খানিক গম্ভীর হয়ে যায়। রাতুলের দিকে ধীরে ধীরে তাকায়,

- 'তাহলে ছেলেদের কাজ কি ? খাওয়া শুধু ? আর সেই মেয়েদের তৈরি খাবার খেয়ে গায়ের জোর বাড়িয়ে মেয়েদেরকেই পেষণ করা অত্যাচার করা ছেলেদের কাজ ?কি তাইতো ? ঠিক বললাম' ?

রাতুলের অনিদা এমনিতেই হাসে কম। বাইরের মানুষেরা তার গম্ভীর রূপটাই দেখে। কিন্তু আজকের অনিদার গাম্ভীর্য যেনো একটু অন্যরকম লাগলো রাতুলের।

- "না না অনিদা আমি তা বলতে চাই নি'।

- 'তবে কি বলতে চেয়েছিস? এখন মেয়েরা তো চাকরি করে, সমস্ত কঠিন কাজ মেয়েরা করে, ছেলেরা যেসব কাজ করে মেয়েরা সেসবই করছে বা করতে পারছে। ছেলেরা তো তাদের ঘরের কাজে সাহায্য করে না। যাঁরা করেন তাঁরা মহানুভব।যাঁরা করেনা তারাই অমানুষ। যেমন তুই একটা জলজ্যান্ত উদাহরণ, কাপুরুষ কোথাকার। বাইরে আড্ডা দিয়ে বেড়াস। একা হাতে শ্রীমাদি সমস্ত কাজ করে। তুই একটা পাষন্ড। কেবল অন্ন ধ্বংস করছিস। লজ্জা করে না রে তোর'?

রাতুল চুপ করে থাকে। একটু আগে যে শব্দ করে চা খাচ্ছিলো সেটাও নিঃশব্দে খেয়ে উঠে যায়। 'আসছি অনিদা' বলে চলে যায় রাতুল। চুপ থাকলেও বুঝতে পারে, বোধহয় সত্যিই সে দিদির প্রতি অন্যায় করেছে রোজ রোজ। নাহ্ তাকে শোধরাতে হবে। অনিদাকে দেখে ফুলটুস মনে হতো তার। অথচ অনিদা ঘরের কাজ করে, বাইরের কেউ কিছু বললেও করে দেয়। এছাড়া আশেপাশের বাড়ীতে কোনো অনুষ্ঠান হলেও কাজে সাহায্য করে। অনিদা পড়াশোনা ছাড়াও ভালো আবৃত্তি করে। পড়াশোনাতেও ভালো অনিদা। আর সে কি না পড়াশোনার দোহাই দিয়ে ঘরের সব কাজ দিদির উপরে ছেড়ে দিয়েছে।আজ অনিদা তার দৃষ্টি পাল্টে দিয়েছে। এবার থেকে

সেও দিদিকে সাহায্য করবে। হয়তো প্রথমে পারবেনা, তবে শিখে নেবে। অভ্যাস করলে সব হয়। মনে মনে বলে আগামীকাল থেকে, no no আজ থেকেই আরম্ভ করবে সে, শুভস্য শীঘ্রম্।

- 'দিদি...ই...,দিদি...ই...'।

শ্রীমা ঘর থেকে বেরিয়ে এসে বলে,

- ' উফ এতো চেঁচানোর কি আছে ? তা তোর অনিদার কাছ থেকে এতো তাড়াতাড়ি ফিরলি যে ? সকালবেলায় সকলেরই কাজ থাকে কেউ তোর মতো বাউণ্ডুলেকে বসিয়ে খোশগল্প করবে না বুঝলি ? আড্ডাবাজ কোথাকার। তা এতো চেঁচাচ্ছিলি কেন ? তাড়াতাড়ি বল , অনেক কাজ আছে'।
- 'দিদি কি কি কাজ আছে বলনা রে, আমিও কাজ করবো তোর সঙ্গে'।

শ্রীমা মুখ বাঁকিয়ে ভ্রূ কুঁচকে বলে

- 'কী ? কি বললি তুই, কাজ করবি ? রাতে ঘুমাসনি ? পেট গরম হয়েছে ? কি ভুলভাল বকছিস ? ঘরের তল্লাটে যাকে পাওয়া যায় না, সে আবার আমার কাজ করে দেবে, হুঁঃ। ফালতু না বকে, আমার সময় নষ্ট না করে যেখানে যাচ্ছিলি সেখানে যা। ভাগ্'।
- 'তোর কাজ কেনো, আমারও তো কাজ, তুই তো সকলের কাজটা একাই করিস্ রে দিদি। আমিই বাজে। কিছু করিনা। কেবল আড্ডা দিয়ে বেড়াই'।

-'আ◌্যই তোর কি হয়েছে রে ? শরীর খারাপ লাগছে ?'
পরম যত্নে শ্রীমা ভাইকে কাছে টেনে কপালে হাত দিয়ে দেখে , জ্বর এসেছে কি না।

- 'আরে না না, শরীর ঠিক আছে। কি কাজ আছে বল, আমি করে দেবো'।
- 'না না তোকে কিছু করতে হবে না। তারপর সমস্ত কাজের জন্য আলাদা করে আবার খাটুনি করতে হবে আমাকে। তুই যা যেখানে যাচ্ছিলি'।

- ‘না রে দিদি, দেনা তোর কাজগুলো আমাকে শিখিয়ে। দ্যাখ দিদি আমাদের মতো আড্ডাবাজ ছেলেদের জন্যই সমাজটা এতো থারাপ হয়ে যাচ্ছে। এরা কি করণীয় জানে না , বাড়ীর লোকেরাও কিছু বলেনা। তাদের নিজেদের মতো চলতে দেয় ।

কেউ তাদের শোধরায় না । তাদের চোখের সামনে কোনো আদর্শও খুঁজে পায় না। তাই বন্ধু বান্ধব নিয়ে আড্ডা দিয়ে বেড়ায়। এরকম জীবন যাপনের জন্য বাড়ীর মানুষদের বিশ্বাস ভরসা তাদের উপর থেকে চলে যায়। তাই বাড়ীর লোকেরাও তাদের এড়িয়ে চলে। এরকম জীবন যাপনের জন্য কোনো কাজেই তারা দক্ষ হতে পারে না। তাই আমাদের মতো ছেলেরা একটা দিশাহীন জীবন যাপন করে’।

শ্রীমা অবাক হয়। এইতো মাত্র অনিদের বাড়ী গেলো, এর মধ্যেই এতো পরিবর্তন, কিভাবে হোলো?

- ‘খুব হয়েছে, রান্নাঘর থেকে আলুগুলো বের করে আন্, একটা বাটীতে জল নিয়ে বোস্, আলুগুলো ছাড়িয়ে ঐ জলে রাখ, তাহলে কালো হবেনা। আমি স্নান সেরে এসে আলুর তরকারি করবো। বাবাকে জমিতে মুড়ি তরকারি পাঠাতে হবে’।
- ‘তুই বলনা কি কি করতে হবে, আমি সব পারবো। বিশ্বাস রাখ না রে একটু। তুই শুধু আমাকে কতটা নুন তেল দিতে হবে বলে দিবি’।
- ‘ঠিক আছে, আলুগুলো কেটে রাখ, আমি স্নান সেরে এসে বলে দিচ্ছি কি ভাবে আলুর তরকারি করবি’।

আজ সন্ধ্যায় স্কুল থেকে ফিরে রাতুল নিজেই থাবার নিয়ে খায়। সন্ধ্যায় নিজে চা বানাতে যায়। শ্রীমা বলে,

- ‘ঐ চা আজ কেউ মুখে তুলতে পারবে তো ? তুই জানিস কতকাপ জলে কতটা চা চিনি দুধ লাগে ? সর্ বলছি। করে দিচ্ছি চা ,যা বোস্ গিয়ে ।
- ‘দিদি তুই আবার আমাকে সরে যেতে বলছিস ? বলে দিলেই তো হয় আমাদের তিন কাপ চায়ে কতটা চা, চিনি, দুধ ,লাগবে। তা না করে কেবল সরে যেতে বলছিস’।

আজ রাতুলের খুব হালকা লাগছে। আজ সে যেন এই সংসারের একটা অংশ বলে ভাবতে পারছে । এতদিন এ বাড়ীতে থেকেও সে যেন বহিভূত ছিল। আজ বুঝতে পারছে একা একা দিদিকে কত কাজ করতে হয়, কত কিছু সামলাতে হয় । তার দিদি তাকে কখনো এসব জানতেও দেয়নি। কাউকে অভিযোগও জানায়নি কখনো।

রাতে খাওয়াদাওয়ার পর শ্রীমা তার ডায়েরি নিয়ে বসে। টুকটাক দৈনন্দিন ঘটনা, আর পরের দিন কি কি কাজ আছে তা সংক্ষেপে লিখে রাখে। বাড়তি যদি কিছু করার থাকে তাও লিখে রাখে। এতে কাজের ভুল হয় না। পরের পর সব কাজ সে ঠিক মতো সেরে নিতে পারে। তারপর ডায়েরী লেখা হয়ে গেলে শুয়ে পড়ে।

পরেরদিন রাতুল উঠে মুখ ধুয়ে বাবা দিদি আর তার নিজের জন্য চা বানিয়ে সকলকে ডাকে। শ্রীমা খুব অবাক হয়ে ভাইকে দেখে। তার ছোট ভাইয়ের এই হঠাৎ পরিবর্তনের জন্য ইশ্বরের অপার করুণাকে মনে মনে উপলদ্ধি করে। ভগবান যে এমন সুমতি তার ভাইকে কখনো দেবেন, এ যেন তার কল্পনার অতীত ছিল। মনে মনে বলে "কল্যাণ হোক"।

৭

আশ্রমের দিনচর্যা

নির্মলা খুব ভোরে উঠে পড়ে। ধীরে ধীরে পুরো আশ্রমটা ঘুরে দেখে। এরমধ্যেই অনেকে উঠে সূর্যদেবকে প্রণাম করছে। সদ্য ওঠা জবা ফুলের মতো রক্তিমাভ সূর্যকে দুচোখে অনেকক্ষণ দেখে তারপর চোখবন্ধ করে সেই সূর্যকে নিজের ভ্রুর মাঝখানে দেখা। এটাই ত্রাটক। একপ্রকার যোগ। এতে চোখ এবং মন উভয়েরই শক্তি বাড়ে। কেউ কেউ সূর্যদেবকে দেখার আগে রক্ত চন্দন মাখানো লাল জবা, দূর্বা নিয়ে মন্ত্র সহযোগে গঙ্গাজলের অর্ঘ্য দিচ্ছে।

এরপর সকলে একত্রে ওঁ কার উচ্চারণ করলো। তারপর সকলে নানাবিধ প্রাণায়াম অভ্যাস করলো। নির্মলা এগুলো জানেই না, নাম জানা তো দূরের কথা। আরও একটু এগিয়ে গোশালার দিকে গিয়ে দেখলো কয়েকজন ওখানে গোশালা পরিস্কার করছে। কয়েকজন গরুগুলোকে পাশে এক জায়গায় জাবনা দিয়ে দুধ দোহন করছে। যাঁরা প্রাণায়াম করছিলো তাঁরা বিভিন্ন যোগাসন করলো, তারপর ফিরে এলো। রান্নাশালে গরমজল বানানো হলো। সকলে গরম জলে ও নিম হলুদ চূর্ণ মিশিয়ে খেলো। তারপর একে একে স্নানে গেলো। নির্মলার খুব ভালো লাগলো। এখন সেও ঐ গরমজল খেয়ে স্নান করতে গেলো। এরপর রান্নাঘরে জলখাবার ও চা হলো। কয়েকজন পুনরায় ধ্যানে বসলো। অবশেষে সকলেই একে একে জলখাবার খেয়ে পড়াশোনায় বসল। একজন মহিলা উপনিষদ পড়াতে এলেন। সকলে মন দিয়ে পড়তে বসল। কয়েকজন বয়স্ক মহিলা যাঁরা দুধ দুইছিলো তারা রান্নাঘরে সবজি কাটতে বসলো। ওরাই কয়েকজন রান্নার ব্যবস্থা করবে। পড়াশোনা সেরে রান্নাঘরের দিকে গেলো কয়েকজন। অন্যরা গেলো বিভিন্ন কাজে। যেমন

বড়ি বানানো হচ্ছে, পাঁপড় বেলে শুকানো হচ্ছে, আচারের মশলা বানানো হচ্ছে। আচার রোদে দেওয়া আছে। আরোও একটু এগিয়ে দেখলো ক্ষেত। মরশুমি সবজির ক্ষেত। কয়েকজন সবজি তুলছে। কয়েকজন জল দিচ্ছে। অনেকটা জায়গা জুড়ে ফুলের ক্ষেতও আছে। বেশ কিছুটা জায়গা ফাঁকা। তার পাশে আম পেয়ারা লিচুর কলমের গাছ আছে, আঙুরের লতা,সবেদা, কুল, মোসাম্বির গাছও আছে। আরও অনেকগাছ আছে, যার নাম সে জানে না। ফলও নেই গাছে।ফল হলে জানা যাবে। এরকম একটা জায়গায় এসে নির্মলার খুব ভালো লাগছে। আবারও ইশ্বরের পরম করুণার কথা মনে হলো। ইশ্বরের কৃপা ও করুণা যন্ত্রনার মধ্য দিয়েই আসে এটাও অনুভব করলো। অন্য সময় কেউ যদি ওকে বলতো, 'চল ওই আশ্রমে থাকবি চল' , তো নিশ্চিত ভাবেই সে আসতো না বাবা মা কে ছেড়ে। আর আজ বাবা মাকে চিন্তামুক্ত করতে এবং নিজের জ্বালা জুড়োতেই ও চলে এসেছে। আসার সময় জানতোও না কোথায় নিয়ে যাওয়া হচ্ছে তাকে। শুধু পরিচিত মুখগুলোর অনন্ত ফিসফিসানি থেকে, মা বাবাকে ও নিজেকে স্বস্তি দিতেই চলে এসেছে। এই আশ্রমের সাথে যুক্ত অনেকেই আশ্রমের বাইরে নিজের বাড়ীতে থেকেই আশ্রমের হয়ে কাজকর্ম করে। কোথায় কোন মেয়ে বিপদগ্রস্ত, কোন মেয়ের সাহায্যের প্রয়োজন, কোন মেয়ে অসহায় অবস্থায় আছে, এসব খবর আশ্রমকে পৌঁছে দেয় তারা। তাদের দ্বারাই আশ্রম ঐসব মেয়েদের দিকে সাহায্যের হাত বাড়িয়ে দেয়। এইসব সাহায্যকারীরা নারী অথবা পুরুষ, যুবা অথবা বৃদ্ধ সবাই আছে। বিকেলে নির্মলা দেখল আশ্রমের একটা ফাঁকা মাঠ আছে যেখানে মেয়েদের লাঠিখেলা এবং মার্শাল আর্ট শেখানো হচ্ছে। দুজন আলাদা আলাদা পুরুষ শিক্ষক এসব শেখাচ্ছেন। নির্মলা আরও অবাক হল যে সকালে যাদেরকে সে গোশালায় কাজ করতে দেখেছিলো, যারা বড়ি পাঁপড় ইত্যাদি রোদে দিচ্ছিল, এসব তৈরি করছিলো, তারা সবাই এককজন হয় মার্শাল আর্ট নয়তো লাঠিখেলায় পারদর্শীনি। হয়তোবা দুটোতেই পারদর্শী। তারাই ছোটোদের সাথে বিরুদ্ধ লড়াই লড়ে তালিম দিচ্ছে। শিক্ষকরা কেবল নির্দেশ দিচ্ছেন।

সন্ধ্যার একটু আগেই সকলে মাঠথেকে ফিরে পরিস্কার পরিচ্ছন্ন হয়ে ভজনগৃহে গেলো। বেশ কিছুক্ষণ প্রার্থনা সঙ্গীত, ব্রহ্মসংগীত চললো। তারপর সকলে খুব সামান্য জলখাবার এবং চা খেলো। এরপর আশ্রম মাতা এলেন। সকলে তাঁর আসার পূর্বেই গীতা পাঠ করছিলো। তিনি এরপর গীতা থেকে কিছু শ্লোক ব্যাখ্যা করে শোনালেন। তারপর উপনিষদ থেকে ব্যাখ্যা

করলেন। নির্মলা এসব আগে কখনো জানেনি , শোনেনি। এসব বইয়ের নামও সে শোনেনি। তবে এই কক্ষে সে আজকে জানলো যে, এই সব কিছু ঈশ্বরই সৃষ্টি করেছেন। মানুষ মাত্রেই অসীম শক্তি সম্পন্ন। নারী পুরুষ জীবজন্তু সবই ঈশ্বর থেকে ঈশ্বর দিয়ে, ঈশ্বরের দ্বারা সৃষ্টি। যাবতীয় ভেদ, যাবতীয় নীতিবাক্য, যাবতীয় ভাল মন্দ বিচার, ভালো মন্দের তকমা সব মানুষ সৃষ্টি করেছে। আসলে সব কিছুই ঈশ্বরের , সব কিছুই ঈশ্বর। ঈশ্বর ছাড়া কিছু নেই। মানুষের মন যখন শুদ্ধ চিন্তাযুক্ত হয়, পবিত্র হয় তখন সে সব কিছুতে ঈশ্বর দেখে। তাই সকলকে শুদ্ধ চিন্তাযুক্ত, পবিত্র মনের হতে হবে।

আলোচনা শেষে কেউ কেউ সঙ্গীত রেওয়াজ কেউ বা নিজের নিজের শাস্ত্রপাঠে গেল।

রাত্রে খাওয়াদাওয়া সেরে সকলে একটু হাঁটাহাঁটি করলো। তারপর যে যার শোওয়ার জায়গায় গেল। নিজের নিজের বিছানায় পদ্মাসনে বসলো সকলে । আজ সারাদিনে অক্ষমতা বশত যা ভুল হয়েছে তার জন্য পরমেশ্বরের কাছে ক্ষমা প্রার্থনা এবং আগামী দিনে যাতে আরও উন্নত জীবন যাপন করতে পারে তার জন্য প্রার্থনা শেষে সকলে ঘুমোতে গেলো। রাত দশটায় আশ্রম একেবারে নিদ্রামগ্ন হোলো।

10

নারীর অপমান ও অনির উপলব্ধি

অনির আজ খবরের কাগজের পাতায় চোখ আটকে গেলো। অনি সচরাচর খবরের কাগজ পড়ে না। বিশেষ কোনো কারণ ছাড়া। আর সব খবর তো মোবাইলে এমনিতেই সামাজিক মাধ্যমে ছড়িয়েই পড়ছে। অনি যখন বাসস্ট্যান্ডের অপেক্ষা করছিল বাসের জন্য, পাশের ভদ্রলোক কাগজটা পড়ছিলেন। অভয়পুর গ্রামের প্রান্তে প্রায় জঙ্গল। সেখানে একটি মেয়ের আধপোড়া দেহ পাওয়া গেছে। পুলিশ সন্দেহ করছে মেয়েটিকে পোড়ানোর আগে শ্লীলতাহানি করা হয়েছে এবং সেই অপরাধ ঢাকতে খুন করে পোড়ানোর চেষ্টা হয়েছে যাতে কেউ ধরা না পড়ে। পুলিশ যথারীতি এসে লাশ উদ্ধার করে। মেয়েটির বাড়ীর খোঁজও পাওয়া যায়। কিন্তু অপরাধী সনাক্তকরণের দেরী হওয়ায় এবং এখনও পর্যন্ত কোনো অপরাধী ধরা না পড়ার জন্য থানা ভাঙচুর, থানার সামনে বিক্ষোভ, রাস্তায় অবরোধ, দোকানপাট জ্বালানো এসব হচ্ছে। অনি বুঝতে পারে না এসবের অর্থ কি? কেউ কিছু গড়তে পারে না, কিন্তু বিক্ষোভ দেখাতে গিয়ে কত সম্পদ নষ্ট করে দেয়। আর এটাও ঠিক, আজকে যাঁরা অপরাধীদের ধরাবার জন্য এইসব অনিষ্ট করছে তারাও সবাই সময় এবং সুযোগ বুঝে মেয়েদের অসম্মান করতে, করতে ছাড়ে না। সে বিয়ের প্রতিশ্রুতি দিয়ে সহবাস করে হোক বা প্রেমের অভিনয় করে সম্ভোগ হোক, তা যাই হোক না কেন তা তো ধর্ষণই একপ্রকার। আজ এরা থানা ঘেরাও, জ্বালানো, পোড়ানো দিয়ে মানুষকে

বোঝাতে চাইছে, দেখো আমরা মেয়েদের জন্য, সমাজের জন্য কত ভাবছি। আমরা কতটা ভালো। আমরা মেয়েদের সম্মানকারী। অনি জানে যে যদি বিক্ষোভকারীরা সত্যিই সংখ্যায় এতো হতো তাহলে সমাজে কোনো রকম অশুভ কাজ ঘটতই না। এই জগতটা স্বর্গ হয়ে যেতো। খবরটা শেষের দিকে অনি দেখলো যে মেয়েটির বয়স মাত্র পনেরো বছর, নবম শ্রেণীর ছাত্রী ছিলো। চারদিন আগে বিকেলে পড়তে গিয়ে আর ফেরেনি।

অনি একটা দীর্ঘশ্বাস ফেললো। মেয়েদের অনেক উন্নতি দরকার মানসিক উন্নতি। আত্মবলে বলীয়ান না হলে কিছুতেই সমাজ বা নারীজাতির উন্নতি সম্ভব নয়। বহুদিন বহুযুগ যাবৎ সাংসারিক সীমাবদ্ধতায়, বিবিধ কুসংস্কার, নিয়ম নিষেধের বেড়াজালে মেয়েরা, অথবা বলা ভালো সমগ্র নারী জাতি তাদের আত্মশক্তি হারিয়েছে। পিতৃতান্ত্রিক সমাজ তার উপরে সাংসারিক বিধি নিষেধের বোঝা চাপিয়ে তাদের আত্মশক্তিকে, মানসিক শক্তিকে নষ্ট করে দিয়েছে। তাদের কিভাবে যে আবার আত্মশক্তিতে মানসিক শক্তিতে বলীয়ান করা যায় তা নিয়ে অনি চিন্তা করে আসছে আজ বহুদিন ধরে, কিন্তু পথ দেখাবে কে ? কে তাকে বলে দেবে সঠিক উপায় ? মেয়েদের প্রতি নির্যাতন বা ধর্ষণ হয়ে যাবার পরে যা কিছু হয় তা তো সঠিক সমাধান নয় । বরং যা হলে মেয়েদের প্রতি নির্যাতন, লাঞ্ছনা এসব আর হতেই পারবে না সেটাই করতে হবে। সমস্যাটা যখন মেয়েদের নিয়েই তাই তাদেরই এগিয়ে আসতে হবে, জাগ্রত হতে হবে। ধর্ষকরা বহাল তবিয়তে ঘোরে । তাদের লজ্জা থাকে না । মেয়েরা এবং তাদের পরিবারই লজ্জিত হয়, মাথা নিচু করে থাকে সমাজে। তাদের বাড়ীর মেয়েদের আর বিয়ে হবে না, পুরো বাড়ীর বদনামের ভাগিদার হবে এই ভেবে চুপ থাকে সবাই । মেয়েরাই পারে এর সমাধান করতে, চাই সঠিক দিশা আর সাহস। কিন্তু কোন পথে যাবে, কিভাবে মেয়েদের মধ্যে জাগরণ আসবে, কে তাকে পথ দেখাবে অনি জানে না। এসব চিন্তা করতে করতে সে দিশেহারা হয়ে পড়ে। চোখের সামনে এমন কোনো আদর্শ বা অভিভাবক খুঁজে পায় না অনি, যাঁর কাছ থেকে সে সঠিক পরামর্শ পেতে পারে, যিনি আলোর পথ দেখাতে পারেন।

১১

রাতুলের দাদাগিরি

বাবা ঘুমালে রাতুল আসে দিদির ঘরে। শ্রীমা তখন ডায়েরীতে আগাম কাজের কথা, আগামীকালের রুটিন লিখতে ব্যস্ত। রাতুল একদিন চুপচাপ তা পড়েও নিয়েছে। তাই আজ বিরক্ত করলো না দিদিকে। শ্রীমার লেখা শেষ হওয়া পর্যন্ত অপেক্ষা করলো। ডায়েরী লেখা শেষ হলে শ্রীমা দেখলো রাতুলকে।

– 'কি রে ঘুমাসনি ? যা ঘুমাতে যা' !

– 'দিদি একটা কথা বলবো' ?

– 'কাল সকালে বলবি। এখন ঘুমাতে যা। খুব সকালে উঠতে হবে। জানিসই তো অনেক কাজ থাকে, ভোরে উঠতে হয়'।

– 'আজ না বললে ঘুমাতে পারবো না রে। তুই জানিসই দিদি উদ্বেগ, আবেগ এগুলো আমার মধ্যে একটু বেশীই দিয়ে ফেলেছেন ভগবান'।

– 'আ্যই তুই রাতের বেলায় কাব্য করতে এলি।? যা না ঘুমোতে'।

– 'একটুখানি বলি ? প্লীজ বলতে দে ! না বললে ঘুম আসবেনা রে দিদি, প্লীজ, বলেই ঘুমোতে যাবো'।

– 'ঠিক আছে অতি সংক্ষেপে বল'।

রাতুল গলাটা ভালো করে ঝেড়ে নেয়।

– 'দিদি রাগ করিসনা আগে ভালো করে শুনবি তারপর আগামীকাল চেঁচামেচি যা করার করিস আজ রাতে ভাবনা চিন্তা করিস্‌, আমি যা বলছি সেটা শোনার পর। বুঝলি' ?

– 'হুঁ, বল্‌'।

- 'দিদি তুই পড়াশোনায় কতো ভালো ছিলিস্‌। আমি তো তোর মতো অতটা ভালো না পড়াশোনায়। মা চলে গেলো বলে তুই পড়াশোনা বন্ধ করে দিলি'।

- 'আ্‌যই তুই এত রাতে আষাঢ়ে গল্প ফাঁদতে এলি ? দূর হ। কখন থেকে বলছি ঘুমোতে যা, আমায় ঘুমাতে দে। যাবার নাম নেই'।

- 'উফ্‌ শোন্‌ না। এই দিদি, দিদিরে, তুই আবার পড়াশোনা কর্‌ প্লীজ। কিচ্ছু চিন্তা করিস না, আমি সব ঠিক ব্যবস্থা করে ফেলবো'।

এবার শ্রীমা উঠে দাঁড়িয়ে ওকে ঘুমোতে যাবার জন্য ঠেলা মেরে চেঁচালো,

- 'তুই যাবি কি ? মাথা খারাপ হয়েছে তোর' ?

মুখে আঙুল দিয়ে রাতুল বললো ,

- 'আস্তে, আস্তে কথা বল। বাবা ঘুমাচ্ছে, জেগে যাবে। আর শোন দিদি আমি বলেছি যখন, তখন তুই আবার কলেজে ভর্তি হবি। একদম 'না' নয় ব্যস্‌। এটাই শেষ কথা। কিভাবে কি হবে সে সব আমি ভাববো। আমার উপর ছেড়ে দে। এতদিন আমি ঘরের প্রতি নজর দিইনি। কিন্তু এখন আমি তো বাড়ীর কাজ শিখে নিয়েছি। অন্ততঃ তোকে সাহায্য তো করতে পারি, তাই না ? দুইজনে মিলে ঘরের কাজগুলো করলে সব হয়ে যাবে। তুই অবশ্যই কলেজে ভর্তি হবি, পড়াশোনা করবি। রাতে ভেবে নে, মনস্থির করে নে। কোনো 'না' সূচক মন্তব্য আমি শুনবো না ,ব্যস্‌।

এই বলে অভিভাবকদের মতো গট্‌ গট্‌ করে রাতুল শুতে চলে যায়। শ্রীমা এক নতুন আশার আলো, বেঁচে থাকার আলো দেখতে পায়। তার চঞ্চল ভাইকেও সে অন্য রূপে অন্যভাবে দেখতে পায়।

পরদিন সকালে উঠে নিজেদের কাজকর্ম সেরে যখন দুই ভাই বোনে চা খেতে বসলো ওদের বাবা তখন ক্ষেতে চলে গেছে ক্ষেতমজুরদের নিয়ে। সে সময় রাতুল আবার কথাটা পাড়লো দিদির কাছে।

- 'কিরে দিদি, ভেবেছিস তো'?

- 'কী---ঈ' ?

- 'ঐ যা বললাম গতকাল রাতে'।

- 'আরে দূর, ওসব আর হয় না। বাবাকে সময়মতো খাবার দেওয়া, ঘরের এতো কাজ কে সামলাবে বল্? তুই আমি দুজনেই যদি কলেজে যাই , পড়তে যাই ঘরে কে থাকবে ? বাবা দুপুরে খাবার পাবে না, সময় মতো চা জল পাবে না। বাবার কতো অসুবিধা হবে, তা তো বুঝতে পারছিস্ নিশ্চয়ই?

- 'ওসব তুই আমার উপর ছাড়। এবার আলু উঠলে একটা পুরাতন ফ্রীজ কিনে নেবো। সময়মতো খাবার বানিয়ে বা বেশি করে বাজার করে ফ্রীজে রেখে দেবো, গ্লাস্কে চা বানিয়ে রেখে দেবো। বাবা নিজে শুধু নিয়ে খাবে। এটুকু বাবা নিজে নিশ্চিত পারবে'।

- 'কিন্তু এতো কাজ, রান্না সামলাবো কিভাবে ?

- 'আমি তো করব তোর সাথে কাজ'।

- 'কিন্তু এতো কাজ, কলেজ, টিউশন পড়তে যাওয়া কিভাবে হবে' ?

- 'তুই একটা কি দুটো টিউশন পড়তে যাবি। বাকিগুলো আমি পড়ে এসে তোকে বুঝিয়ে দেবো, আর নোটস ও পেয়ে যাবি। শোন আগে থেকে অতিরিক্ত ভাবতে নেই। একটু অসুবিধা হলেও পরে সব হয়ে যাবে। তুই মনে মনে প্রস্তুত থাক কেবল'।

শ্রীমা প্রস্তুত হয়েও হতে পারে না। কিজানি বাবা কি ভাববেন। এতো সব সামলে নেওয়াও খুবই চাপের। কিন্তু না জানি কেনো আজ তার ভাইয়ের প্রতি গভীর আস্থা হচ্ছে। মনে হচ্ছে ও সত্যিই পারবে সব ব্যবস্থা করতে। ওকে ভরসা করলে ক্ষতি হবে না। মনটা হঠাৎ অজানা আনন্দে ভরে উঠলো। তার অনিশ্চিত জীবনে, সংসার সামলানো ছাড়া আর কোনো আনন্দদায়ক ঘটনা, মুক্ত বাতাস আসতে পারে ভাবেনি কখনও। ভগবান তার ভাইকে যে এতো সুমতি দেবেন , একথা ভাবেনি কখনো। মনে মনে উদ্যমী হয় শ্রীমা। রাতুল কখন যেনো চায়ের বাসন ধুয়ে আজকের রান্নার জন্য সবজিগুলো কাটতে বসে গেছে। সে দিকে তাকিয়ে শ্রীমা প্রাণ ভরে শ্বাস নিয়ে নিজের হৃদয়টা পূর্ণ করে নিলো।

12
আশ্রমিক জীবন

আজ প্রায় পনেরো দিন হলো নির্মলা এসেছে এই আশ্রমে। ধীরে ধীরে অনেক কিছুই আয়ত্ত করে নিয়েছে সে। প্রতি রাতে খাওয়া হলে সকলে কিছুক্ষণ আশ্রম চত্বরে হাঁটাহাঁটি করে। তারপর সবাই ধ্যানকক্ষে যায় অর্থাৎ যেইখানে জগদম্বা মাতা উপদেশ দেন, সেই কক্ষে। সেখানে সকলে প্রার্থনায় বসে। আজ পর্যন্ত যদি কোনো অন্যায়, অপরাধ হয়ে থাকে জ্ঞানে বা অজ্ঞানে তার জন্য সকলে পরমেশ্বরের কাছে ক্ষমা চায়। সেই অপরাধ শারীরিক, মানসিক বা বাচিক হতে পারে । অর্থাৎ শারীরিক বলপ্রয়োগের দ্বারা কারও অনিষ্ট বা আঘাত বা অপরাধ, কারও মনে আঘাত দিয়ে বা মনে মনে গালি দিয়ে বা তার ক্ষতির কথা চিন্তা করে যে অপরাধ (মানসিক),অথবা বাক্যের দ্বারা কাউকে আঘাত করা বা তার অনিষ্ট হওয়ার কথা বলা বাচিক অপরাধ। এই ধরনের অপরাধ যদি ভুলবশতঃ হয়ে থাকে তাহলে পরমেশ্বর যেন তাকে ক্ষমা করেন।

এইভাবে আরও প্রার্থনা হয় যে পরমেশ্বর যেন সকলকে ক্ষমা করেন এবং পৃথিবীর সকলের মঙ্গল করেন। সকলকে আরোগ্যদান করেন, সকলকে শুভবুদ্ধি দেন। সকলকে পার্থিব ও অপার্থিব সম্পদ দ্বারা পূর্ণ করেন এবং সকলের মধ্যে শুভ চেতনা জাগ্রত করেন।

সকলে একদম স্থির হয়ে বসে ধ্যান করেন। শ্বাস বায়ুর গতিতে মন রেখে সকলে স্থির হয়ে বসে। এভাবে কিছুক্ষণ বসার পর সকলের এক অলৌকিক অনুভূতি হয়। সারাদিনের ক্লান্তি নিমেষে দূর হয়। এরপর ধীরে ধীরে সকলে শয়নকক্ষে চলে যায়। এরপর নিদ্রা ও আগামীর অপেক্ষা।

সকালে সূর্যপ্রণাম, ব্যায়াম, প্রাণায়ামের ক্লাস চললেও নির্মলা এখনও সবটা শিখে উঠতে পারেনি । তবে সবেতেই উপস্থিত থাকে সে। তাকে যে সব শিখে নিতে হবে খুব তাড়াতাড়ি । এরপর স্নান সেরে জলখাবার খেয়ে সবাই পঠনপাঠনে যোগ দিলেও সে এখনও শিখে উঠতে পারেনি পড়াশোনা। একজন আশ্রম কন্যার কাছে সে একটু একটু শেখার চেষ্টা করছে। তাই এই সময় একটু সে সময় পায়। আশ্রমের পিছনের দিকে তার যাবার ইচ্ছা কিন্তু সময় হয়ে ওঠেনি। আজ একজন বয়স্ক মহিলা তাকে নিয়ে গেল পিছনে। নির্মলা দেখল এ যেন এক শিল্পের কারখানা। সকলে মুখ বন্ধ করে নীরবে বিভিন্ন হাতের কাজ করে যাচ্ছে। ঐ মহিলা বললেন বাইরে আমাদের স্বেচ্ছাসেবী দল আছে তারা এগুলো মেলায় বা বিভিন্ন জায়গায় বিক্রি করে আশ্রমে টাকা জমা দিয়ে দেয়। আরও একটু এগিয়ে দেখল বিভিন্ন ধরনের গহনা তৈরী হচ্ছে, মেয়েদের জন্য। মাটির, কাগজের ,রেশম সূতোর, কাপড়ের গহনা তৈরি হচ্ছে। টেরাকোটার জিনিস তৈরী হচ্ছে, বিভিন্ন ঘর সাজানোর সামগ্রী হিসাবে এবং তৈরি হচ্ছে অন্যান্য মূর্তি। এগুলো দেখে নির্মলা আশার আলো দেখে। এসব তো সে কবেই শিখতে চেয়েছিলো। কিন্তু কোথায় শিখবে, কে নিয়ে যাবে ? খরচ পাবে কোথায় ? হে পরমেশ্বর, তোমার অসীম করুণা। এখানে এসে যেন সে স্বর্গের চাঁদ পেলো হাতে।

13

রাতুলের সংগ্রাম

একদিন হঠাৎ রাতুল সকালে দিদিকে বললো,

- 'দিদি তাড়াতাড়ি তৈরী হয়ে নে বেরোতে হবে। সব ডকুমেন্টস নিয়ে নে'।

- 'কেন ? কোথায় যেতে হবে'?

- 'এইতো সাইবার ক্যাফে তে, ফর্মফিলাপ হচ্ছে। এখন তো কলেজে অনলাইন ফর্ম ফিলাপ হয়'।

এরপর দুজনে তাড়াতাড়ি রান্না সেরে নেয়। সবকিছু ঢেকে রেখে দেয়। কেবল জলখাবার খেয়ে বাবার জন্য জলখাবার গামছা দিয়ে বেঁধে নেয়। যাবার পথে দিয়ে দেবে বাবাকে। বাবা জিজ্ঞেস করলে রাতুল বলে,

- এই তো কয়েকটা জিনিস কেনার আছে তাই বাসস্ট্যান্ডে যাচ্ছি।

ওদের বাবা তাই বিশ্বাস করে নেয়। ওরা দুই ভাইবোন তাড়াতাড়ি পৌঁছে যায় সাইবার ক্যাফেতে। রাতুল আগে থেকেই সব ব্যবস্থা করে রেখেছিলো। সব তথ্য প্রমাণ ভরে দিয়ে টাকা জমা করতেই হয়ে গেলো। শ্রীমা ও রাতুল দুজনেই কলাবিভাগের ছাত্রছাত্রী। দুজনেই তাই একই বিষয়ে ভর্তি হবার সুবিধা পেলো। দর্শনশাস্ত্র নিয়ে ভর্তি হলো দুজনে, পড়াশোনার সুবিধার জন্য। ফিরে এসে দুইভাইবোনে দুপুরের রান্নার প্রস্তুতি নিলো। ওদের বাবা এক ফাঁকে এসে দুপুরের খাবার খেয়ে গেলো। এরপর তাড়াতাড়ি বিকেলে দুজনে ভালো করে সিলেবাস নিয়ে আলোচনা করতে বসলো। শ্রীমা আবার যেন সেই চঞ্চল

পড়ুয়া কিশোরীর মতো প্রাণোচ্ছল হয়ে উঠলো । এটা দেখে রাতুল খুব খুশি হলো। কতদিন পরে সে দিদিকে পড়াশোনা নিয়ে আলোচনা করতে দেখলো, আর কত খুশি দেখলো। এটা দেখে রাতুলের মন আনন্দে ভরে গেলো। আজ সে সত্যি সত্যিই দিদির সহমর্মী হতে পেরেছে।

এর মাঝে রাতুল সব বই, খাতা, পেন যোগাড় করে ফেললো। বাড়ীর প্রধান দরজার দুটি চাবি খুঁজে রাখলো। যেদিন ক্লাস শুরু হলো সেদিন নতুন উদ্যমে দুই ভাইবোন মেতে উঠলো। সকাল সকাল ঘুম থেকে উঠে বাড়ির কাজকর্ম সেরে, রান্না করে নিলো । নিজেরা খেয়ে বাবার খাবার সুন্দর করে গুছিয়ে ,ঢাকা দিয়ে রাখলো। বাবার জলখাবারটা বেঁধে নিলো গামছা দিয়ে। সঙ্গে জলের বোতল নিলো বাবার জন্য এবং নিজেদের জন্য । দুইজনে বাবাকে জলখাবার দিয়ে প্রধান দরজার একটা চাবি বাবাকে দিয়ে বললো বাবা আজ ফিরতে একটু দেরী হবে আমাদের। তোমার খাবার ঢাকা দিয়ে রাখা আছে আছে, খেয়ে নিয়ো' ।

বাবা বললো,

- কোথায় যাস্ দুজনে ?

- কোথায় আর যাবো বাবা ? ঐ দিদিকে আমাদের কলেজটা একবার দেখাতে নিয়ে যাচ্ছি।

- ও আচ্ছা, সাবধানে যাস্।

- হ্যাঁ, বাবা। তুমি সময় মতো বাড়ি ফিরে খেয়ে নিয়ো।

শ্রীমা একটু চিন্তিত হয়ে পড়লো। রাতুল কে বললো,

- ভাই, তুইতো আজকে বাবা কে টপাস্ করে মিথ্যে বলে দিলি, এরপর রোজ কি বলবি বাবাকে ভেবে রেখেছিস? মিথ্যা বলা কি ভালো ? আমার খুব ভয় করছে রে ভাই। বাবা যদি রেগে যায়, তাহলে কি হবে?

- 'আজকেই বাবাকে সন্ধ্যাবেলা বুঝিয়ে বলবো। তুই ভাবিস্ না দিদি। একদম চিন্তা করিস্ না'।

দুজনে এগিয়ে চলে । এক্ষুনি বাস আসবে।

দুপুরে অপরেশ বাড়ীতে এসে তালা খুললো ঘরের। কলতলায় গামছা রাখা আছে । স্নানের জন্য তেল, সাবান সবই তার মেয়ে গুছিয়ে রেখে গেছে দেখতে পেলো। স্নান সেরে একটু জপ আহ্নিক সেরে, স্বর্গত বাবা মাকে জল তুলসী দিয়ে, প্রণাম করে রান্নাঘরে গেলো। প্রতিদিন এসময় মেয়ে থালায় ভাত রেখে, জল আসন দিয়ে বাবাকে খেতে দেয়। আজ অপরেশের ফাঁকা ফাঁকা লাগছে। সব ঢাকা খুলে তার মনটা ভালো হয়ে গেলো। ডাল, তরকারী

সব বাটিতে রাখা। ভাত, বেগুন ভাজা, আলু সিদ্ধ মাখা দিয়ে থালায় গুছিয়ে ভাত সাজানো। যদি আরও ভাত প্রয়োজন হয় বাবার, তাই একটা আলাদা বাটীতে ভাত রাখা আছে। মেয়ের এমন সুন্দর কাজ দেখে মনটা আনন্দে ভরে গেলো। কখনো তো এভাবে ঘর ফেলে যায়নি। যখন কোথাও আত্মীয়বাড়ী গেছে তিনজনেই গেছে। অপরেশ ভাবলো মেয়েটা যে বাড়ীতে যাবে তাদের ঘর গুছিয়ে উঠবে। কিন্তু গেলো কোথায় দুই ভাই-বোনে? রাতুলের কলেজে গেছে ব্যাপারটা কেমন যেন খটোমটো লাগছে। কি ই বা প্রয়োজন থাকতে পারে রাতুলের কলেজে? ঘরদোর ছেড়ে তো শ্রীমা কখনও এভাবে যায়নি। কে জানে কি ব্যাপার। অপরেশের বিশ্বাস ওদের পেটে কথা থাকবেনা। একটু একথা ওকথা দিয়ে জিজ্ঞেস করলেই পেট থেকে সব কথা ওরা বের করে দেবে, একথা ভেবে মুচকি হাসে অপরেশ। তবে ইদানিং লক্ষ্য করার বিষয় হলো রাতুল তার দিদির খুব ন্যাওটা হয়েছে। সবসময় বাড়ির কাজ নিয়ে থাকে, বাইরের আড্ডা কমেছে। যাক ঠাকুর সুমতি দিলেই ভালো। রাতুল যদি রান্নাবাড়ী শিখে নেয় তাহলে শ্রীমার বিয়েটা দিয়ে ফেলতে পারবে সে। মেয়ের হাতের রান্নাও ভালো। ওর মা মারা যাবার পর ঠিক গুছিয়ে উঠতে পারতো না বটে, তবে এখন সব শিখে গেছে। খাওয়া শেষ করে ঐখানেই থালাটা রেখে, উঠে হাত ধুয়ে নিলো। রান্নাঘর বন্ধ করে একটু বিছানায় গড়ালো। দুপুরে ঘুম আসেনা। মাথায় এখন কাজের চাপ আছে। তবুও হঠাৎ দুচোখ লেগে আসে।

- বাবা দরজা খোলো।

- ওহ তোরা এসে গেছিস্‌?

তন্দ্রা ভেঙে অপরেশ দরজা খুলে দেয়। দুই ভাইবোনেই একটু বসে। উঠে হাত মুখ ধুয়ে রান্নাঘরে যায় শ্রীমা। খিদে পেয়েছে দুজনেরই। সন্ধ্যায় চা আর মুড়ি বাবাকে দিয়ে দুই ভাইবোনে চা নিয়ে বসে। অপরেশ ভাবে এই সময় ওদের পেট থেকে কথাটা বের করতে হবে।

• তা কেমন দেখলি রাতুলের কলেজ?

শ্রীমা বোঝে বাবা তাকেই জিজ্ঞেস করছে। সে রাতুলের দিকে একবার তাকিয়ে নিলো।

• ভালো বাবা। কি সুন্দর, ভিতরে কত গাছপালা। রোদের উত্তাপ ওখানে বোঝাই যায় না। আর রাতুলের বন্ধুরাও খুব ভালো বাবা। আমাকে ওরা ক্যান্টিনে নিয়ে গিয়ে চা, বিস্কুট, ডিমের ওমলেট খাওয়ালো।

রাতুল উঠে গিয়ে বাবার পাশে বসলো, অপরেশ ভাবলো ওষুধ কাজে লেগেছে এবার সব গল্‌ গল্‌ করে পেট থেকে আসল কথা বেরিয়ে আসবে। অপরেশ রাতুলের দিকে তাকালো না।

কিন্তু রাতুল বলল,

- বাবা, দিদি কিন্তু আমাদের কলেজে বেড়াতে যায়নি।

- মানে ? তবে কি কোনো পাত্রকে দেখাতে নিয়ে গিয়েছিলি ?এই বয়স থেকে পাকামি ? আমাকে জানানোর প্রয়োজন মনে করলি না ? আমি তোদের অভিভাবক না ? মেয়ের বাবা না আমি?

রাতুল সামান্য ভারিক্কি ভাব নিয়ে মুখে আঙুল দিয়ে বললো,

- চুপ্‌ চুপ্‌ বাবা, কর্ড লাইনে হেঁটো না। থামো এইবার। ওসব পাত্র ফাত্রোর গুলি মারো এখন। শোনো বাবা দিদিকে আমি কলেজে ভর্তি করে দিয়েছি । দিদি এবার থেকে রোজ কলেজে যাবে। আজকে আমার সাথে দিদি ক্লাস করতেই গিয়েছিলো কলেজে । আজ থেকে আমাদের কলেজের ক্লাস শুরু হলো।

- মানে ? শ্রীমা এখন কলেজে যাবে ? তা ঘরদোর সামলাবে কে শুনি? সংসার চলবে কেমন করে ? এতো কাজকর্ম কে দেখবে হ্যাঁ ?

- বাবা, এসব দোহাই দিয়ে তুমি দিদির মাঝখানের বছরগুলোই কেবল নষ্ট করেছো। স্বার্থপরের মতো কথা বলছো তুমি। সংসার আবার কি ? সংসার মানে তো কিছু কাজের বোঝা ? কেন ? আজ তোমার সংসারের কোন কাজটা বয়ে গেছে শুনি ? তুমি আজ খাবার পাওনি ? রান্না করা ভাত পাওনি ? আর বিয়ে মানে তো আরও একটা বাড়িতে গিয়ে এই সব কাজই করতে হবে তাই নয় কি ? দিদি এত বুদ্ধিমতী, কত প্রতিভা আছে ওর । কখনো ভেবেছো এসব ? বিয়ে করার ঢের টাইম আছে। দিদিকে তুমি পড়তে দাও বাবা । ও পড়বেই। তোমার সবকিছু টাইম মতো পেলেই তো হোলো ? ব্যাস্‌। এরপর এই নিয়ে কোনো বিরুদ্ধ কথা হবে না বাবা ।

- তা খরচপত্র কোথেকে হবে ? দুজনের পড়ার, টিউশনের খরচ কিভাবে হবে ?

- বাবা আমরা যদি দুই ভাই হতাম তুমি ঠিকই পারতে খরচা জোগাতে। দিদিরটা এখন তোমার বোঝা লাগছে। ঠিক আছে, তোমাকে এ নিয়েও ভাবতে হবে না। আমি সবকিছু ভেবেই দিদিকে কলেজে ভর্তি করার সিদ্ধান্ত নিয়েছি বাবা। তুমি এসব নিয়ে চিন্তা কোরো না। তুমি যেমন তোমার রান্নাকরা খাবারের চিন্তা করছিলে, ওটাই করো। ওটা দিদি তোমার ঠিক মতো করেই দেবে। তুমি কেবল স্বার্থপরের মতো দিদির শ্রমটাই বুঝে নিও কেমন?। দুটো খেতে পরতে দাও দিদিকে তার বদলে তোমাকে তো শ্রমটা বুঝে নিতেই হবে তাই না বাবা ? ধন্য ভারতের পিতা। তোমাদের যে এতো ভেদ বুদ্ধি কোথা থেকে আসে, কে জানে ?

- রাতুল পড়তে বোস্‌। শ্রীমা ডাকে ঘর থেকে।

অপরেশ থানিক চুপ থাকে। বুঝতে পারে না, কি তার করণীয়। তবে ছেলের কথা শুনে ভিতরটা বদলে যায় চকিতে। এরপর মিটিমিটি হেসে নিজের ঘরে যায় অপরেশ।

শ্রীমা রাতুলকে জিজ্ঞেস করে,

- ভাই শুনলি তো বাবা আমার পড়াশোনার জন্য কোনো খরচ দেবে না। তুই কিভাবে চালাবি আমার পড়াশোনার খরচ ?

- হাসালি মোরে বালিকা। তুই কি ভাবলি,এসব না ভেবে এতদূর এগিয়েছি ? দ্যাখ্‌ দিদি টিউশন পড়তে তোকে যেতে হচ্ছে না। আমি পড়ে এসে তোকে বুঝিয়ে দেবো, নোটস্‌ ও তুই পেয়ে যাবি। বইপত্তর সিলেবাস অনুযায়ী একসেট কিনলেই হয়ে যাবে। পরে কারোও পুরাতন একসেট যদি পেয়ে যাই তাহলে হাফ দামে কিনে নেবো। নাহলে একদিন কলেজস্ট্রিট চলে যাবো। ওখানে পুরাতন বই খুব কম দামে পাওয়া যায়। বাকি রইলো খাতা, পেন আর গাড়ী ভাড়া। ওসবের জন্য আমি টিউশন খুঁজে নিয়েছি। সপ্তাহে দুদিন সকালে যে আমি চুপচাপ বাইরে থাকি কিছুটা সময়, ওটা ঐ পড়াতে যাই। এছাড়া আরোও দুটো টিউশনি পেয়েছি রে দিদি। ভালো টাকাই দেবে। ইংলিশ মিডিয়ামের বাচ্চা। ওটা পেয়ে গেলে আমার আর তোর দুজনেরই হাতখরচা চলে যাবে।

শ্রীমা বাবার কথা শুনে একটু অসহায় হয়ে গিয়েছিল। এখন নিশ্চিন্ত লাগছে। শ্রীমা বললো,

- ভাই তুই আমাকেও দুটো টিউশনি দেখে দে না রে তাহলে আরোও কিছু রোজগার হয়ে যাবে।

- না না তোর এমনিতেই অনেক কাজ আছে বাড়িতে। এরপর টিউশন পড়ালে তোর আর বিশ্রাম হবে না। তুই শুধু কলেজে যাবি আর বাড়িতে থাকবি, অবসরে আবৃত্তি করবি। তুই খুব ভালো আবৃত্তি করতিস্ আগে মনে আছে?। ওটাই চালিয়ে যাবি ব্যস্।

শ্রীমা অবাক হয় তার বাউন্ডুলে ভাইয়ের এতো চিন্তা দেখে। খুশিও হয় দারুনভাবে।

14

জগদম্বার স্মৃতিচারণ

- মা, ও মা তুমি আমার নাম জগদম্বা রাখলে কেন মা ? জানো মা, স্কুলের বন্ধুরা আমায় খ্যাপায়। 'জগদম্বে', 'হে মা জগদম্বে' বলে মা। আমার তখন খুব কান্না পায়। তুমি আমার নামটা স্কুলে গিয়ে পাল্টে দেবে মা ?

- কেন খারাপ কি ? জগদম্বা তো মা দূর্গার নাম তিনি তো জগন্মাতা, কতো ভালো নাম তোমার। এমন সুন্দর নাম কারো আছে? বন্ধুরা থ্যাপায় ? তুমি খেপে যাও কেন ? তুমি রেগে যাও বলেই থ্যাপায় তোমার বন্ধুরা তাই না ? এবার থেকে বন্ধুদের বলে দেবে এটা মা দূর্গার নাম। তাহলে ওরা আর তোমাকে থ্যাপাতে পারবে না। আর জানো তো তোমার জগদম্বা নাম কে রেখেছেন ?

- না মা জানিনা। কে রেখেছেন, মা?

- তোমার ঠাকুমা, যাও যাও ছুটে গিয়ে ঠাকুমা কে জিজ্ঞেস করো, তিনি কেন তোমার নাম জগদম্বা রেখেছেন। যাও যাও।

রান্নার সময় এসব বকবার কি ফুরসৎ আছে ? তাই তাল বুঝে মেয়েকে শাশুড়ি মারা কাছে পাঠিয়ে দেয় দীপালি।

ছোট্ট অনু দৌড়ে যায় ঠাকুমার কাছে। ছুটে গিয়ে গলা জড়িয়ে বলে, কেন ঠাকুমা তুমি আমার নাম জগদম্বা রাখলে ? বন্ধুরা তো হাসে আমার নাম বোলে বোলে। আমার ভাল্লাগেনা কান্না পায়।

- ওমা কেনো?কান্না পায় কেন?তোমার বন্ধুরা জানেনা তাই হাসে। তোমার দাদু রেখেছিলেন তোমার নাম 'অন্নপূর্ণা' তাই তো তোমাকে সকলে অনু বলে। আর আমি রেখেছিলাম 'জগদম্বা'। তুমি যে জগতের অম্বা,

তাইতো তোমার নাম 'জগদম্বা'। অম্বা মানে জানো ?

- না তো ঠাম্মা।

- অম্বা মানে 'মা'। তুমি জগতের মাতৃস্বরূপা হও। জগতের মানুষের তুমি কল্যান করবে, মায়ের মতো। এই জন্যই তোমার নাম জগদম্বা।

- কি করে করবো ?

- এখন থেকে তুমি তা ভাবো, কিভাবে তুমি জগতের দুঃখী মানুষকে আশ্রয় দেবে। এখন থেকে ভাবলে একদিন তুমি ঠিক পথ দেখতে পাবে। ঈশ্বর তোমাকে ঠিক পথ দেখাবেন। ঈশ্বরের উপর বিশ্বাস রাখো।

সেই আরম্ভ হলো জগদম্বার পথ চলা। সেই তখন থেকে ভাবনা দিয়ে পথ চলা শুরু কিভাবে সে প্রকৃত 'জগদম্বা' হতে পারবে। জগদম্বার ঠাকুমা একজন জ্ঞানী মানুষ ছিলেন, তাঁর রান্না, তাঁর শিল্পকর্ম তার কন্ঠসঙ্গীত ছিল অত্যন্ত নিপুণ। তা সবই তিনি জগদম্বাকে উত্তরাধিকারী করে দিয়ে গেছেন। পরবর্তী সময়ে তাঁর এই একনিষ্ঠ উত্তরসূরি নিজেকে আরও বিভিন্ন বিষয়ে সুনিপুণ করেছে। এই জগৎ তার কাছে শিক্ষার আসর। সে জীবন দিয়ে কেবল নিরন্তর চেষ্টা চলে তার ভিতরের জ্ঞানকলস পূর্ণ করার।

আজ এই জগদম্বার আশ্রম 'মাতৃ আশ্রম' নামে পরিচিত। এ আশ্রম তারই পরিচয় বহন করছে। সে তার নিজ বিদ্যা দিয়ে, এই আশ্রমকে মানবকল্যাণ তথা নারীকল্যাণের জন্য গড়ে তুলেছে তিলে তিলে। এখন এখানে একটা ছোটোখাটো হাসপাতাল একটা বিদ্যালয় দরকার। হয়তো হবে ধীরে ধীরে পরমেশ্বরের কৃপায়। এ আশ্রম বর্তমানে দুঃস্থ মেয়েদের, আশ্রয়হীন এবং নিরন্ন মেয়েদের আশ্রয়। তাঁর ইচ্ছে, আরও অনেক সাধারণ মেয়েদের স্বাবলম্বী হবার জন্য সাহায্য করা। এছাড়া এই আশ্রমের জন্য দরকার আরও বড় স্বেচ্ছাসেবী নারী সংগঠন। যারা আশ্রমের বাইরে থেকেও দুঃস্থ মেয়েদের সহায় হবে, স্বাবলম্বী হতে সাহায্য করবে। ঐ স্বেচ্ছাসেবী নারী সংগঠন আশ্রম থেকেই তাদের মানসিক ও শারীরিক শক্তি অর্জনের ক্ষমতা অর্জন করবে। বিভিন্ন কর্মে পারদর্শিনী হয়ে উঠবে। এছাড়া চাই একটা ভালো যুব সংগঠন, যাঁরা এই সমাজকে সুন্দর করে গড়ে তোলার স্বপ্ন দেখেন। যাঁরা বাইরে থেকে এই আশ্রমের শক্তি হিসেবে কাজ করবে। নিত্য নৈমিত্তিক এই আশ্রমকে চালাতে যে অর্থের প্রয়োজন তা জোগাড়ের জন্য আশ্রমে আরও কর্ম পরিধি বাড়াতে হবে। যাতে আশ্রম নিজে নিজেই নিজের ব্যয়ভার বহন করতে পারে। তবে কেউ সেচ্ছায় আশ্রমকে উন্নতিপ্রদানের জন্য অর্থ সাহায্য করতে চাইলে তা অবশ্যই গৃহীত হবে। চাই সমাজে সুস্থভাবে সুন্দরভাবে নারীর অবস্থান।

নারীজাতি যেন তাঁর মহত্ব বুঝতে পারে । সমাজের প্রতি তাঁর সঠিক অবস্থান ও মর্যাদা সম্পর্কে সচেতন হতে পারে। এরজন্য চাই সঠিক শিক্ষা। সেই সঠিক শিক্ষা তো বর্তমান বিদ্যালয়ে মহাবিদ্যালয়ে বা বিশ্ববিদ্যালয়ে দেওয়া হয় না। যে বিদ্যা প্রাচীন কালে ঋষিকন্যারা জানতেন। এই বিদ্যায় পারদর্শীনি হয়ে তাঁরা আধ্যাত্মিক চেতনায় পৌঁছেছিলেন। যখন থেকে মেয়েরা শাস্ত্রশিক্ষা থেকে বঞ্চিত হয়েছে বা নিজেরা শাস্ত্রশিক্ষা থেকে দূরে চলে গেছে তখন থেকেই সমাজের অবনতি শুরু হয়েছে। নারীর অবস্থানের অবনতি হয়েছে সমাজে। একজন সুশিক্ষিত মা পারেন তাঁর সন্তানকে সুশিক্ষায়, সুসংস্কারে লালন পালন করতে। কিন্তু মা যদি নিজেই অজ্ঞানের অন্ধকারে থাকেন তাহলে তিনি তাঁর সন্তানদের কিভাবে সুশিক্ষা, সুসংস্কার দেবেন ? এভাবেই সমাজ অন্ধকারে, পাপে, অপরাধে ভরে গেল। কেবলমাত্র নারীজাতিকে তথা মাতৃজাতিকে শাস্ত্রশিক্ষা থেকে বঞ্চিত করার কারণে। তবু আজও সংগোপনে যে সকল মেয়েরা শাস্ত্রশিক্ষা করেন, তাঁরা তাঁদের সন্তানদের শুভশিক্ষা দিতে পারেন। এমনই একজন মহিলা ছিলেন জগদম্বার ঠাকুমা। জগদম্বা তাঁরই হাতে তৈরি। শাস্ত্রশিক্ষা হলো সত্যের শিক্ষা, প্রকৃত শিক্ষা। জগদম্বা পরমেশ্বরের কাছে প্রার্থনা করে,

- 'হে প্রভু, শক্তি দাও, পথ দেখাও তোমার ইচ্ছা আমার মধ্য দিয়ে পূর্ণ করো প্রভু'।

15

অনির অচলাদি

আজ অনি বাসস্ট্যান্ডে যাবার পথে দেখলো মাঠের ধারে তালগাছের আড়ালে একটি মহিলা একজন পুরুষের সাথে কথা বলছে। অনি স্বাভাবিক ভাবেই দৃষ্টি সরিয়ে নিলো সেদিক থেকে। কিন্তু কাছে আসতেই বুঝতে পারলো ওটা জেলেপাড়ার অচলাদি। স্বামী ওকে পরিত্যাগ করেছে। কারণ জানে না অনি। এখন বাপের বাড়িতেই থাকে। মানুষের প্রয়োজনে ফাই ফরমাশ খেটে দেয়। কেউ ডাকলেই এক কথায় আসে। খুব ভালো মানুষ অচলাদি। যে যখন যা বলে তাই করে দেয়। তাই কোনো অভাব হয় না তার। সবাই ভালোবেসে হোক বা ওর ব্যবহারেই হোক খাবার দাবার বা জামাকাপড় সব কিছুই দেয়। অনি বুঝতে পারলো অচলাদি ঐ মানুষটির কাছ থেকে একটু দূরে চলে গেলো। হয়তো অনিকে দেখে। অনিকে সে ভাই বলেই ডাকে। অনির রহস্যময় লাগলো। বড় হয়েছে সে বুঝতে পারলো। বাসে বসে অনি চিন্তা করলো যে নারী আর পুরুষের মধ্যে কত রকমের সম্পর্ক ভাই-বোন, বাবা-মেয়ে, কাকা-ভাইজি, মামী-ভাগ্নে, মাসী-বোনপো, প্রেমিক-প্রেমিকা, স্বামী-স্ত্রী, মা-ছেলে। প্রত্যেক সম্পর্কের অনুভূতি, ভাবনা আলাদা, আলাদা রঙ, আলাদা গন্ধ। সম্পর্কের গন্ধ আছে একথা ভেবে, নিজেই হেসে ফেললো। হ্যাঁ আছে তো সম্পর্কের গন্ধ আছে। সেই গন্ধ পেলে কখনো মন বিষণ্ণ হয় কখনো বা হৃদয় ভরে ওঠে, কখনো নিশ্চিন্ত হওয়া যায় কখনো বা অসহায় লাগে। মায়ের শাড়ীর গন্ধ, ঠাকুমার শাড়ীর গন্ধ আলাদা, তাদের উপস্থিতিরও আলাদা অনুভূতি। বাবার গন্ধটা অন্যরকম বাড়ী ঢুকলেই বোঝা যায় বাবার উপস্থিতি বা অনুপস্থিতি। বাবা হল পাহাড়ের আড়াল, মাথার উপর শক্ত

ছাদ। যার দ্বারা পৃথিবীর সব অসহায়তা দূরে থাকে। অনি ভাবে সবথেকে রহস্যময় হলো গোপনে প্রেমের সম্পর্ক, যে প্রেম সমাজকে দেখানো যায় না, শুধুমাত্র সামাজিক গোঁড়ামির কারণে। অশিক্ষাই সমাজের গোঁড়ামির কারণ। যেমন স্বামী পরিত্যক্তা অনাথা অচলাদির একজন অভিভাবক চাই জীবনে বাঁচতে গেলে। কিন্তু কে তার পুনরায় বিয়ে দেবে ? অচলাদি মনে হয় ঐ মানুষটিকে ভালোবাসে। কিন্তু কে তাদের প্রেমকে বিয়েতে পরিণতি দেবে ? সমাজ এদের নিয়ে অনেক নিন্দামন্দ করবে, মুখরোচক গল্প বানাবে কিন্তু এদের মাঝে দাঁড়িয়ে এদের সম্পর্ককে পরিণতি দেবার ব্যবস্থা করবে না। নারী পুরুষের মধ্যে বিবাহ মানেই সামাজিক স্বীকৃতি হলো। তখন এই স্বামী স্ত্রীকে নিয়ে কত সুখকর আলোচনা। আসলে সবই সমাজের অশিক্ষিত মানুষদের অলিখিত নিয়মের খেলা। এই অলিখিত নিয়ম বা অহেতুক নিন্দামন্দই মানুষের মনে ভীতির জন্ম দেয়। মানুষ হঠকারী সিদ্ধান্ত নেয়। সমাজে প্রকৃত শিক্ষা কোথায় ? কে দেবে সেই শিক্ষা ? আজ প্রকৃত শিক্ষকেরই তো বড় অভাব।

16

অপরেশের নতুন জীবন

অপরেশ দুপুরে বাড়ী ফিরে একা একা ভাত খায়। এখন তার আর একা খেতে খারাপ লাগে না। সবকিছু তার বাড়িতে ছবির মতো গুছানো এখন, কেবল ছেলেমেয়ের পড়ার টেবিল ছাড়া। অপরেশ এখন একটা পুরনো ফ্রিজ কিনেছে। ক্ষেত থেকে ফিরে একটু ঠাণ্ডা জল মিশিয়ে নেয় তার খাবার জলে। বড় আরাম লাগে। ছেলে মেয়ে বারণ করেছে খুব ঠাণ্ডা জল খাবে না বাবা, সর্দি লেগে যাবে। কিছুটা জিরিয়ে নিয়ে ভাত খেতে বসে। করলা সিদ্ধ, শাকভাজা আর ডিমের ঝোল। সবই পরিপাটি করে সাজিয়ে রেখে সুন্দর করে ঢাকা দেওয়া। তৃপ্তি করে খায় অপরেশ। আগে এঁটো থালাটা ঐখানেই ফেলে রাখতো, এখন কলতলায় জল দিয়ে নামিয়ে রাখে, এঁটো জায়গাটা মুছেও নেয়। দুবেলার তরকারিটা ওরা রান্না করে যায়। বিকেলে ফিরে কেবল ভাত বসিয়ে নেয়, রাতের জন্য। দুই ভাইবোন এসে মুখ ধুয়ে একটু কিছু খেয়ে নেয় তারপর সন্ধ্যায় প্রদীপ জ্বেলে শাঁখ বাজিয়ে একটু চা আর মুড়ি নিয়ে বসে তিনজনে খানিক গল্পগুজব করে। ভাতটাও এসময় ফোটানো হয়ে যায়। এবার ওরা পড়তে বসে দুজনে। অপরেশ একটু বাইরে যায়, বন্ধুবান্ধবদের নিয়ে একটু গল্পগুজব করে। দুই ভাইবোন পড়া শেষ করে থাবার গরম করে নেয়। তিনজনের খাওয়া শেষ হলে দুই ভাইবোনে রাতের এঁটো বাসন ধুয়ে নেয়, সকালের জন্য ফেলে রাখে না। রাতুল সকালে পড়াতে যায়। শ্রীমাকে একা সব বাসন ধুতে হবে, তাই রাতুল দিদির সাথে

বাসনগুলো রাতেই একসাথে ধুয়ে নেয়। এছাড়া রাতের কাজ রাতে সেরে নিলে আর টেনশন থাকে না, সকালের জন্য। কাজটাও জমে থাকলো না। এরপর দুই ভাইবোনে আবার পড়তে বসে রাতে। পড়াশোনা শেষ করে শুতে বেশ রাত হয়ে যায় ভাই বোনের। সকালে বাড়ির কাজ আর রান্না থাকে শ্রীমার, যদিও রাতুল বেশ খানিক কাজ সেরে দিয়ে চা-মুড়ি খেয়ে পড়াতে যায়। শ্রীমা এই ফাঁকে বাকী কাজ আর রান্না সেরে নেয়। অপরেশ জমিতে চলে যায়। রাতুল শ্রীমা নিজেরা খেয়ে কলেজ যাবার পথে বাবাকে জলখাবার দিয়ে যায়। অপরেশ এখন নিশ্চিন্ত। প্রথমে ভাবছিলো মেয়ে কলেজে গেলে পুনরায় পড়াশোনা করলে সংসার সামলাবে কিভাবে! যাক ছেলেটা বুঝতে শিখেছে, দিদিকে সমানভাবে কাজে সাহায্য করছে, তাই আর চিন্তা নেই। এভাবে চললে ক্ষতি কি ? কানাই পাশের জমি থেকে কোদাল চালাতে চালাতে বললো,

- 'তা অপরেশদা তোমার মেয়ে, রাতুলের সঙ্গে কোথায় যায় রোজ' ?

- কেন দেখলি না, রাতুলের সঙ্গে কলেজে যাচ্ছে ?

- 'তোমার মেয়ে কলেজে পড়ে নাকি ? বিয়ে দেবে না ? বয়স তো হোলো' ?

- 'আমার মেয়ের বয়স হোলো তো তোর কি ? না দেবো না আমার মেয়ের বিয়ে। তুই তোর কাজ কর'।

- তা বিয়ে না দিলে ওকে দেখবে কে ? ভাইয়ের বউ তো আর আইবুড়ো ননদকে ভাত দেবে না, ঝাঁটা জুতো মারবে তোমার মেয়েকে , তখন বুঝবে'।

- 'তুই কি হাত গুনতে জানিস কানাই ? কি করে জানলি, রাতুলের বৌ শ্রীমাকে ঝাঁটা জুতো মারবে' ?

- না মানে, আইবুড়ো ননদ্ বাড়ীতে থাকলে তো তাই হয়। তাই বলছি আর কি।

- শোন কানাই, আমার মেয়েকে আমি দেখিনা । বরং আমার মেয়েই আমাকে দেখে, ওর ভাইকে দেখে, আমার পুরো সংসার সামলায়। যেই থেকে ওর মা গত হয়েছে তখন থেকে শ্রীমাই সামলায়, সব কিছু দেখাশোনা করে। সব কিছু সামলে ও যদি নিজের পড়াশোনা করে তাতে ক্ষতি কি ? তোদের কোথায় অসুবিধা ?

- তা তুমি কি সত্যিই মেয়ের বিয়ে দেবেনা ?

- ও যদি চায়, যখন চাইবে নিশ্চই করবে বিয়ে। আমি নিশ্চই ওর তখন বিয়ে দেবো। কিন্তু যদি না চায় বিয়ে করতে তাহলে আমিও ওকে জোর করব

না। ওর যদি ইচ্ছা হয় ও স্বাধীন ভাবে বিয়ে না করেই থাকতে পারবে আমার কাছে।

- সে কি গো অপরেশদা, তুমি কি মেয়ের বিয়ে না দিয়ে পয়সা বাঁচাচ্ছো নাকি? বিয়ে দিতে খরচা হবে বলেই কি বিয়ে দিতে চাইছো না মেয়ের?

- কানাই, তোর ওই হেঁড়ে মাথায় আর এর থেকে বেশি কি ভাববি বল? ভাবতে পারবিও না। শোন তবে আমি এখনই আমার সকল সম্পত্তি আমার ছেলেমেয়েদের নামে সমানভাবে ভাগ করে দিয়েছি। একেবারে নামে নামে করে দিয়েছি। এছাড়া রাতুল ছোট ছিলো বলে সব টাকাপয়সা আমার মেয়েই সামলায়। আমি শুধু দেখাশোনা করি জমিজমা।

- অপরেশদা তুমি তো খুব ভাগ্যবান।

- হ্যাঁ আমি ভাগ্যবান। আমাকে ছেলেমেয়েরা কিচ্ছু চিন্তা করতে দেয় না। এখন মেয়ে যদি পড়াশোনা করে নিজে প্রতিষ্ঠিত হয় তাহলে আমি আরও সুখী হতে পারবো। আমার মেয়ে খুবই ভালো, যদি কোনো ভালো ছেলের সাথে বিয়ে হয় তাহলে ঠিকই আছে। যদি কোনোভাবে মনের অমিল হয় বিয়ের পর তাহলে মেয়েটার খুব কষ্ট হবে রে। তাই ও যদি অবিবাহিত থাকতে চায় আমার কোনো আপত্তি নেই। আমি চাই ও স্বাধীন থাকুক।

- দিদি তোকে আমি একদিন একটা খুব সুন্দর জায়গায় নিয়ে যাবো।

- কোথায় রে রাতুল? বেড়াতে? অনেক দূরে কোথাও?

- বেড়াতে, তবে অনেক দূরে কোথাও নয়। তোর খুব ভালো লাগবে। তোর স্বপ্নের জায়গা মনে হবে। মনে হবে এরকম একটা জায়গাই তো আমি খুঁজছিলাম এতদিন।

- কি আছে রে সেখানে? অনেক ফুল, ফুলের গাছ, ফলের বাগান?

- এসব তো আছেই, আর আছে অনেক মানুষ, শুদ্ধ মানুষ। যাঁরা শুধু ভালবেসে সব কাজ করে। যাঁদের মধ্যে হিংসা নেই, বিদ্বেষ নেই, ভেদাভেদ নেই। ঐসব মানুষের জন্যই ঐ জায়গাটাও শুদ্ধ। যেখানে শুদ্ধতা, পবিত্রতা আছে সেখানে অপার শান্তি আপনা থেকেই আসে। তাই ওখানে শান্তিও আছে।

- রাতুল আমাকে কবে নিয়ে যাবি রে? তাড়াতাড়ি নিয়ে চল।

- তুই কি বলছিস দিদি, আমি নিজেই যে সেখানে তাড়াতাড়ি যেতে চাই।

17

একটি চিঠি ও আশার আলো

জগদম্বা, আশ্রমের অফিসে এসে বসতেই চোখে পড়লো দুটো থাম। বিশেষ ডাক পরিসেবায় এসেছে। একটি একটি করে খুলে দেখতে পেলো একটাতে একটা অনেক বড় অংকের একটা চেক এবং অন্যটিতে একটা চিঠি। দুটি থামই একই মানুষ পাঠিয়েছেন, ডঃ নীলিম সেন। চিঠিটা খুলে জগদম্বা পড়তে শুরু করল ----

মাননীয়া দেবী,

জানিনা আমাকে চিনতে পারবেন কিনা। মনের মধ্যে ক্ষীণ আশা রাখি যে হয়তো চিনতে পারবেন। এতক্ষণে বুঝে গেছেন যে আমি সামান্য কিছু টাকা আপনাকে পাঠিয়েছি চেকের মাধ্যমে। আপনাকে সাহায্য করার মতো ধৃষ্টতা আমার নেই। আমি এ টাকা পাঠিয়েছি আপনার আশ্রমের মানুষের জন্য, তাঁদের সেবার জন্য, হয়তো তারও কোনো দরকার নেই আপনার কাছে। আপনি সবকিছু ঠিকমতো করেন, তাঁদের সেবার কোনো ক্রটি রাখেন না। তবুও এই সামান্য জনের সামান্য সেবাটুকু যদি আপনি তাঁদের সেবার জন্য গ্রহণ করেন তাহলে ধন্য হবো হে দেবী।

নমস্কারান্তে ইতি

বিনীত

ডঃ নীলিম সেন।

বিঃদ্রঃ- আমি খুব শীঘ্রই দেশে ফিরব। দেখা হবে।

চিঠিটা পড়ে জগদম্বার ঠোঁটের কোণে এক চিলতে হাসি দেখা দিলো। এটা সামান্য সেবা ? এক কোটি টাকার চেক এটা। আর সামান্য মানুষ ডঃ নীলিম সেন ? এখান থেকে ইঞ্জিনিয়ারিং এ ডক্টরেট করে, বিদেশে গিয়ে ডি.লিট করেছেন এবং এখনও তিনি বিদেশে গবেষণা নিয়েই থাকেন। জগদম্বার মনে পড়ে ধীরে ধীরে সব কথা। জগদম্বা তখন এম.এ দ্বিতীয় বর্ষ। এ সময় সব আত্মীয়স্বজনের চিন্তা এবার হয়তো জগদম্বার বিয়ে হবে এম.এ উত্তীর্ণ হলেই। অনেকেই সম্বন্ধ নিয়ে আসছেন। জগদম্বার বাবা বা মা কেউই মত দিচ্ছেন না। যেহেতু জগদম্বা আশৈশব অন্য এক জগৎ নিয়ে থাকে। তার জীবনযাত্রা সাধু সন্তদের মতো শুদ্ধাচারী। সেবার মামার বাড়ীতে গিয়েছিলো সে। বড় মামার মেয়ের বিয়ে ছিলো। এমনিতে কোথাও না গেলেও বড় মামার মেয়ে দীপা আর জগদম্বা সমবয়সী ছিলো। দীপা বলছিলো জগদম্বা যদি না আসে তাহলে সে বিয়ের পিঁড়িতেই বসবে না । যদিও এটা কথার কথা তবুও এই সুযোগে পরিবারের সকলের সাথে দেখা হয়ে যাবে ভেবে জগদম্বা গিয়েছিলো। দীপার মামার বাড়ী থেকেও সবাই এসেছিলো। এমনিতে জগদম্বাকে সকলেই চেনে দীপার পিসতুতো বোন হিসাবে। তবুও কম আসা যাওয়ার কারণে চাক্ষুষ দর্শন সকলের হয়ে ওঠেনি। দীপার মামাতো দাদা, অর্থাৎ বড়মামীর দাদার ছেলে নীলিমও এসেছিলো ঐ বিয়েবাড়ীতে। ও তখন ডক্টরেট করছে। জগদম্বাকে দেখে ভালো লাগে তার। এত গম্ভীর অথচ বিনয়ী, নম্র স্বভাবের মেয়ে নীলিম কেন অনেকেই দেখেনি। শান্ত ধীর এবং নির্লিপ্ত তার দৃষ্টি। জাগতিক সব কিছুতেই যেন তার উদাসীনতা। নীলিম যে তাকে চোখে চোখে রেখেছে তা জগদম্বা লক্ষ্য না করলেও দীপা লক্ষ্য করেছে। একথা জগদম্বাকে দীপা বললেও জগদম্বা সে কথা গ্রাহ্যের মধ্যেই আনলো না। অনেক চেষ্টা করেও নীলিম জগদম্বার সাথে কথা বলার কোনো সুযোগই পেলো না।

জগদম্বা দীপার বিদায়ের পরই নিজের বাড়ীতে চলে এসেছিলো। নীলিম বিভিন্ন ভাবে বিশেষতঃ দীপার মাধ্যমেই জগদম্বার খোঁজ রাখতো। ডক্টরেট হয়ে যাবার পর যখন কলেজে অধ্যাপনার কাজে যুক্ত হলো তখন জগদম্বার বাড়ীতে নীলিমের বাবা মা বিয়ের প্রস্তাব পাঠালো। জগদম্বার মা বাবা জগদম্বাকে জিজ্ঞেস করে যখন সদুত্তর পেলো না তখন ওদেরকে না করে দিলো। কিন্তু নীলিম একবার সরাসরি জগদম্বার সাথে কথা বলতে চাইছিলো। তাই একদিন মা-বাবাকে সঙ্গে নিয়ে ওদের বাড়ী এলো। কিন্তু কোনো সুরাহা হয়নি। কি বলবে জগদম্বা ? 'আমি বিয়ে করবো না আপনাকে' একথা তো কারোও মুখের উপর সরাসরি বলা যায় না। তিনি দুঃখ পাবেন।

তাছাড়া পাত্র হিসাবে নীলিম অত্যন্ত ভালো। সুপুরুষ যাকে বলে। জগদম্বা ভাবে সে নিজেই যোগ্য নয় কোনো পুরুষের জন্য। কোনো সংসারে গৃহবধূ হবার জন্য সে নিজেকে তৈরী করতেই পারেনি। হয়তো পারবেও না কখনো। সংসারের খুঁটিনাটি চাহিদা, তেল, নুনের হিসাব, সংসারের নানান হিসাব, বিভিন্ন লৌকিকতা সব সামলানো তার কাছে ভয়ঙ্কর মনে হয়। এসব যথাযথ পালন করা খুব কঠিন। শ্বশুরবাড়িতে সর্বদা সকলের যত্নের চেষ্টা করলেও ত্রুটি ঠিক থেকেই যায়। মানুষের মন জয় করা খুব মুশকিল। এসব পেরে ওঠা খুব কঠিন। আর এসব ঠিকমতো না পারলে যে মানুষটি তাকে বিয়ে করে স্ত্রীর মর্যাদা দিয়ে নিয়ে গেলো, "মাগো তোমার দাসী এনেছি" বলে, সেই মানুষের বিড়ম্বনার শেষ থাকবে না তার আত্মীয় পরিবারজনেদের কাছে। জগদম্বার হঠাৎ হাসি পেলো, ছেলেগুলো কতো আবেগপ্রবণ হয় এটা ভেবে। কোনো মেয়েকে দেখে পছন্দ হলেই তাকে বিয়ে করার জন্য পাগল হোলো। একবার ভেবে দেখে না সেই মেয়েটির দিক দিয়ে। ভাবেনা মেয়েটি তার উপযুক্ত কিনা, পছন্দ হয়েছে অতএব তাকেই বিয়ে করতে হবে ব্যস্। সেদিন জগদম্বার সঙ্গে নীলিমের কথা হয়নি বটে। পরে একদিন দীপার অনেক অনুরোধে দীপার সঙ্গে দক্ষিনেশ্বর মন্দিরে জগদম্বা গিয়েছিলো। যদিও পরিকল্পনাটা নীলিমেরই ছিল। সেদিন অনেক চেষ্টা করেও জগদম্বার সঙ্গে কাছাকাছি বসে কথা বলতে পারেনি নীলিম। খুব সংক্ষেপে জগদম্বা যতটুকু বলেছে, তাতে নীলিম বুঝেছে যে এই মেয়ের চারপাশে এক অদৃশ্য গন্ডি আছে, যার ভিতর প্রবেশ করা খুব দুরূহ ব্যাপার। যখন নৌকায় গঙ্গা পেরিয়ে ওরা তিনজন বেলুড়ের দিকে যাচ্ছিলো তখন নীলিম হঠাৎ জগদম্বাকে প্রশ্ন করলো,

- 'দেবী, আপনার লক্ষ্য কি ? মানে এরপর আপনি কি করবেন'?

এইসময় জগদম্বা যেন ক্ষণিকের জন্য নীলিমের দিকে তাকিয়ে বললো,

- 'বলতে পারিনা। তবে আমি পরমেশ্বরকে আমার সকল ইচ্ছা সমর্পণ করেছি। এবার তিনি তাঁর কোন ইচ্ছা আমার মধ্য দিয়ে পূর্ণ করবেন সেই অপেক্ষায় আছি'।

নীলিম দেখলো কিশোরীর মতো সারল্যে ভরা নির্লিপ্ত দুটি চোখ। নাহ্ এ মেয়েকে কোনো সীমাবদ্ধ গন্ডিতে না বাঁধাই বোধহয় মঙ্গল। বাঁধলে তাকে

বিড়ম্বনাই দেওয়া হবে শুধু। তবে আর কোথাও বোধহয় নীলিম নিজেকে খুঁজে পাবেনা এটাও বুঝতে পারলো।

তারপর জগদম্বা আর কিছু জানতো না নীলিমের বিষয়ে। তারও যে ডাক পড়েছে নিজের কাজে। ঠাকুমার কেনা একটা ছোট জমি ছিলো। সেখানে খুব সামান্য ভাবে আ্যসবেসটস্ দেওয়া দুটো কামরা বানালো। সেখান থেকেই কাজ আরম্ভ করলো আশ্রমের। আরও দু-তিনবছর পর দীপার মুখে খবর পেয়েছিলো, মা বাবার অনুরোধে নীলিম একটা বিয়ে করলেও বিয়েটা ছয়মাসের মাথায় ভেঙ্গে যায়। নীলিম তাই পাকাপাকি ভাবে বিদেশে চলে গেছে। আজ এতগুলো বছর পর জগদম্বা বুঝতে পারে যে নীলিম তার খবর ঠিকই রেখেছে। কতো আবেগপ্রবণ হয় এই ছেলেগুলো। তবে তাঁকে ধন্যবাদ। আশ্রমে এই টাকাটার সত্যিই খুব প্রয়োজন ছিলো।

18

আত্মপ্রত্যয়ী নির্মলা

আজ একজন আশ্রমকন্যা নির্মলাকে ডাকল,

- 'তোমাকে মা ডাকছেন, তোমাকে কেউ দেখতে এসেছেন। অফিসে যাও ওখানেই আছেন তাঁরা'। নির্মলা স্নান সেরে জলখাবার খাচ্ছিলো। হাত ধুয়ে অফিসের দিকে দ্রুতপায়ে গেলো। দেখলো মা বাবা দুজনে অত্যন্ত সংকুচিত হয়ে জগদম্বা মায়ের সামনে বসে আছেন। নির্মলা সকলকে প্রণাম করল। ওর মা বাবা এতক্ষণ যাঁরা অত্যন্ত কুন্ঠার সঙ্গে বসেছিলেন, তাঁরা নির্মলাকে দেখে অবাক হয়ে গেলো। কোথায় সেই গ্রাম্য চেহারা রুক্ষশুষ্ক আর কোথায় এই পরিচ্ছন্ন সুন্দর চেহারার এই সুন্দর মেয়েটা। ওকে দেখেই বাবা কেঁদে ফেললো,"মা-রে", এরপর আর কিছুই বলতে পারলো না। মা ও কাঁদলো। নির্মলা বললো,
- 'কেঁদো না মা, আমি খুব ভালো আছি, দ্যাখো আমায়' ।

বাবা মা আশ্বস্ত হলো। একজন আশ্রম কন্যা এসে নির্মলার মা বাবাকে অতিথি কক্ষে নিয়ে গেলো, ওখানে জলখাবার দেওয়া হয়েছে। আশ্রম মা এর নির্দেশে দুপুরে ওনারা এখানে খাওয়া দাওয়া করবেন, বিকেলে বাড়ী ফিরবেন। তবে নির্মলা এখানেই থাকবে। যেহেতু সে আশ্রমের কর্মের সঙ্গে যুক্ত হয়ে গেছে। ওনাদের জলখাবার খাওয়া শেষ হলে নির্মলা বললো,

- 'চলো মা তোমাদের আশ্রমটা ঘুরিয়ে দেখাই। এসো আমার সঙ্গে' ।

এখন ওর বাবা মা বেশ স্বাভাবিক হয়ে উঠেছেন। কত ভারাক্রান্ত মন নিয়ে বাড়ী থেকে বেরিয়েছিলেন তাঁরা। ভাবছিলেন কে জানে কেমন আছে তাঁদের মেয়ে, কেমন দেখবেন তাঁরা তাকে। অজানা আশঙ্কায় বুক বেঁধে এসেছিলেন তাঁরা। কিন্তু এখানে এসে মেয়েকে দেখে তাঁদের চোখেমুখে এখন প্রশান্তি ফুটে উঠেছে। আশ্রমের চারিপাশ দেখতে দেখতে নির্মলার মা হঠাৎ নির্মলাকে জিজ্ঞেস করে বসে,

- • 'হ্যাঁ রে ,এনারা তোকে আর বাড়ী যেতে দেবে না রে' ?

- 'কেনো দেবে না মা ? দেবে তো। কিন্তু বাড়ী গিয়ে কি করবো বলো ? এমনি এমনি তো আর আসিনি এখানে। দিনগুলো কতো বিষময় হয়ে উঠেছিলো বলো' ?

নির্মলার মা একটা দীর্ঘশ্বাস ফেললেন।

- 'ঠিকই বলেছিস, আসলে আমরা একসাথে ছিলাম, একটা অভ্যাস ছিল। একসাথে থাকার অভ্যাস, একসাথে ভাবনার অভ্যাস। হাঁস, মুরগী, ছাগলগুলোরও অভ্যাস ছিলো তোর সঙ্গে। ওরা এখনও যেন তোকে খুঁজছে।তুই বাড়িতে না থাকায় , আমার একটু কাজের চাপ বেড়েছে বটে তবে ওদের দেখাশোনা করতে গিয়ে আমি তোর অভাব কিছুটা ভুলে থাকতে পারি। তোর বাবা তো মাঠে ঘাটে বেরোয়। আমি ঐ প্রাণীগুলো নিয়ে গাছপালা নিয়ে দিনযাপন করি। প্রতিবেশীরা আত্মীয়স্বজনরা যেন আমাদের ভুলেই গেছে। কি যে অপরাধ আমাদের জানিনা'।

- অপরাধ না মা, বলো ইশ্বরের কৃপা। নাহলে আমি এমন একটা স্বর্গীয় জায়গায় আসতে পারতাম না।

- হাঁরে মা তুই যদি বাড়ী না যাস্ তাহলে আমরা তোর বিয়ে দেবো কেমন করে ? পাত্র যখন তোকে দেখতে আসবে, কিভাবে দেখবে ? তুই এখানে থাকলে তো সেটা সম্ভব হবে না মা'।

একথা শুনে নির্মলা খিলখিল করে হেসে ওঠে। আর বলে,

- আচ্ছা মা বলোতো আমি এখন যেখানে আছি, আমার শ্বশুরবাড়িটা কি তার থেকেও ভালো কিছু হবে ? মা, মেয়েদের বিয়ে দেয় বাবা মায়েরা একপ্রকার তাদের প্রতিষ্ঠার জন্য। কিন্তু ভেবে দেখো বাস্তবে কি তা হয় ? সকলের জন্য না হলেও বেশীরভাগ মেয়েদের একপ্রকার বলি দেওয়া হয়। এরজন্য সমাজব্যবস্থা দায়ী। বাবা মায়েদের গতানুগতিক চিন্তাধারা দায়ী'।

- 'কিন্তু ভবিষ্যতে কে দেখবে বিয়ে না হলে ? আমরা তো আর চিরকাল থাকবো না রে মা?

নির্মলা আবার হেসে ওঠে।

* 'মা কে কাকে দ্যাখে বলোতো ? আমার কর্ম আমাকে দেখবে। এইযে রাস্তায় ফুটপাতে অসহায় বয়স্ক মানুষেরা পড়ে থাকে তারা কিন্তু বিবাহিত । তাদের ছেলেমেয়েরাও প্রতিষ্ঠিত। কিন্তু তবু তারা আজ রাস্তায় । এখন যে এতো বৃদ্ধাশ্রম তৈরি হচ্ছে সেখানে কারা থাকে জানো ? খুব বড়লোক বাড়ীর মা বাবারা। তাহলে বোঝো কেউ কাউকে দেখে না। মানুষের কর্মই মানুষকে দেখে'।

নির্মলার মা অবাক হয় তার সোজা সরল গ্রাম্য মেয়েটা এই কদিনে কত কিছু জেনে গেছে।

মেয়ের আত্মবিশ্বাস আর তার মুখে হাসি দেখে তৃপ্তি পায়।

* 'জানো মা এই আশ্রমে খাদ্য আছে, থাকার সুবিধা আছে, নিরাপত্তা আছে, কর্মের সংস্থান আছে, ডাক্তার আছে , ওষুধ আছে, সম্মান আছে, জ্ঞানচর্চা আছে আর আছে মানুষকে সেবা করার অফুরন্ত সুযোগ, যার দ্বারা আমার জন্ম-জন্মান্তরে কলুষ নাশ হবে মা। আমি ও আমার মন শুদ্ধ পবিত্র হবে, আমি পরমাত্মার খুব কাছাকাছি থাকতে পারবো মা'।

নির্মলার মা, বাবা তাদের মেয়ের দিকে তাকিয়ে থাকে অপলক। এটা তাদের মেয়ে, এটা কোন স্বর্গ, যেখানে এত তাড়াতাড়ি তাদের মেয়ের আন্তরিক উন্মেষ হলো?

- 'জানো মা এখানে খুব শীঘ্রই একটা ছোটোখাটো হাসপাতাল তৈরি হবে। যেখানে তোমাদের, মানে আশ্রমকন্যাদের বাবা মায়ের বিনামূল্যে চিকিৎসার ব্যবস্থা থাকবে। একটা স্কুল এবং একটা কলেজ হবে। যেখানে প্রাচীন ভারতীয় রীতিতে মেয়েদের পঠনপাঠন হবে। খুব শীঘ্রই এসব শুরু হবে। তোমরা এরপর আরও একদিন সকাল সকাল এসো । সেদিন সারাদিন থাকলে বুঝতে পারবে এখানে সকলে নিঃশব্দে নিরলস কাজ করে চলে খুশিমনে। তোমরা আমার জন্য দুঃশ্চিন্তা কোরোনা। মন খারাপ করলে এসে দেখে যাবে। শেষের কথা চিন্তা করো না, বর্তমানটা চিন্তা করো। তোমার

বর্তমান কাজকর্ম যদি ঠিক সৎ পথে চালিত হয়ে থাকে তাহলে ভবিষ্যত আপনা থেকেই ভালো হয়ে যাবে, এটাই নিয়ম'।

- 'নির্মলা, তুই এতো কিছু কিভাবে জানলি ? এ কদিনের মধ্যেই এত জোর তুই কি করে পেলি' ?

- 'জানো মা, এটা পরিবেশের গুণ । যে কেউ , যখন যে পরিবেশে থাকে সেটাই শেখে। যেমন প্রজাপতি , মৌমাছি , এরা ফুলের বনে ফুলের উপর ঘোরাঘুরি করে, আর ফুলের পরাগরেণু এদের গায়ে, পায়ে আপনা আপনিই লেগে যায় । তেমন ই কোনো শুদ্ধ, পবিত্র, জ্ঞানের পরিবেশে থাকলে আমাদের অন্তরেও শুদ্ধতা ,পবিত্রতা আর জ্ঞান আপনা আপনিই লেগে যায়, আলাদা কোনো প্রচেষ্টার দরকার হয় না। আর মেয়েদের মানসিক ভাবে মজবুত করাই এ আশ্রমের উদ্দেশ্য, শারীরিক ভাবেও, অর্থনৈতিক ভাবেও। তার জন্যই জগদম্বা মায়ের নিরলস প্রচেষ্টা'।

- 'কিন্তু ওনাকে দেখে মনে হলো ওনার কোনো কাজ বা চিন্তা ভাবনা কিছুই নেই। স্থির হয়ে যেন চেয়ারে বসে আছেন'।

- 'ঐ জন্যই তো বললাম মা, একদিন খুব সকালে এসো ,থাকো সারাদিন তবেই ওনাকে বুঝতে পারবে কিছুটা। আর জগদম্বা মায়ের এই স্থিরতা, নীরবতা, নির্লিপ্ত ভাব ওনাকে অর্জন করতে হয়েছে , এমনি এমনি হয়নি। এটা ওনার সাধনা । উনি কতো জ্ঞানী সেটা কিছুদিন এখানে থাকলে তবেই বুঝতে পারবে, ক্ষণিক দেখে কিছুই আন্দাজ করতে পারবে না মা। উনি গেরুয়া পরেননি ঠিকই, কিন্তু উনি পরম সাধ্বী, সন্ন্যাসিনী'।

আশ্রমের ঘন্টি বাজলো। দুপুরের খাবারের আয়োজন হয়েছে। সকলে খাবার জায়গায় জমায়েত হলো । এখানে শুদ্ধ নিরামিষ ভোজন, সঙ্গে থাকে গোশালার শুদ্ধ দই, ঘোল, ঘি আর পনির, সময়ানুসারে।

বিকেলে নির্মলার বাবা মা বাড়ি চলে গেলো। যাবার সময় বাবা মা কেউ কাঁদেনি বরং আনন্দের সঙ্গে বাড়ী গেলো। আসার সময় তাঁদের গতি যতটা শ্লথ ছিলো যাবার সময় যেনো গতি দ্বিগুণ হলো। নিশ্চিন্ত মনে দুটি পিতা মাতার প্রাণ তাদের ক্ষুদ্র কুটিরে পৌঁছালো। সন্ধ্যায় আশ্রম মা বললেন, 'নির্মলা, তুমি চাইলে কিছুদিন বাড়ী থেকে ঘুরে আসতে পারো'।

• না মা, ওখানে গেলে আমি বাঁধা পড়ে যাবো, ফিরতে পারবো না, মা বাবাকে ছেড়ে। অহেতুক বন্ধনের চাইতে ভালো এখানেই থাকা। তাছাড়া বাড়ী গেলে এই রুটিন এলোমেলো হয়ে যাবে। আমি এখানেই থাকবো

মা। মা-বাবাকে আমি বলেছি, তোমাদের মন খারাপ হলে এখানে চলে আসবে একদিনের জন্য'।

জগদম্বা নির্মলার কথায় খুশি হয়। এই তো চাই আত্মবিশ্বাসী, শক্তিশালী মেয়ে। খুব তাড়াতাড়ি মেয়েটি মানসিক ঝড় কাটিয়ে উঠতে পেরেছে। মনে মনে নির্মলাকে আশির্বাদ করলো জগদম্বা।

19

নতুন আতঙ্ক

আজ কলেজ থেকে ফেরার পথে বাসে উঠতেই অনি দেখলো শ্রীমাদি আর রাতুল বাসে আগে থেকেই বসে আছে। বাসে বেশ ভিড় না হলেও সকলেই যে যার সিটে বসে আছে। বাসটা ছাড়তে এখনো মিনিট দশেক বাকি। অনিকে দেখেই রাতুল তার সামনের সিট থেকে ব্যাগটা তুলে নিলো, অনিকে বললো,

- 'বসো অনিদা'।

অনি বললো,

- 'তুই কেমন করে জানলি আমি আসব এই বাসে? বসার জায়গা রাখলি যে'?

- 'না অনিদা জানতাম না তুমি আসবে। তবে যেহেতু তুমি এখান থেকেই বাসে ওঠো তাই প্রতিদিন তোমার অপেক্ষায় একটা সিট রাখি। বাস যখন ছাড়বে ছাড়বে তখন কোনোও বয়স্ক মানুষকে সিটটা দিয়ে দিই বসার জন্য। আজ আমার অপেক্ষা সার্থক হলো। তুমি আজ সত্যিই এলে আমার রাখা সিটে বসতে'।

- 'থাক তোকে আর এতো কাব্য করতে হবে না। কিন্তু এতো ভক্তি কেনো বাছা? আমি যে অতি নগণ্য মানুষ'।

শ্রীমাদি বললো,

- 'না রে অনি ও তোর একজন গোপন ভক্ত'।

- 'তাই নাকি? ধন্য হলাম তাহলে। চল্‌ রাতুল শ্রীমাদি এসো'।

- কোথায়?

- 'এখনও বাস ছাড়তে মিনিট দশেক দেরী আছে, একটু চা খেয়ে আসি'।

সকলে বসার জায়গায় ব্যাগ রেখে কন্ডাকটরকে বলে চা খেতে গেলো। যাতে বাসে একটু রয়ে বসে ছাড়ে, ওদের না ফেরা পর্যন্ত। মফস্বলে হয় এসব। বাড়ী থেকে প্যাসেঞ্জার ডাকতে ডাকতে আর বাড়ীর দোর গোড়ায় নামাতে নামাতে বাস চলাচল করে। দোকানে গিয়ে প্রত্যেকে দুটি করে সিঙ্গারা আর চা খেয়ে দৌড়ে এসে বাসে উঠলো। বাস ঠিক সময়মতো ছাড়লো। রাতুল বললো,

   - অনিদা আজ তুমি খবরের কাগজ পড়েছো ?

   - না রে। কেনো বলতো ?

   - 'আজ জঙ্গলমহলের একটা খবর বেরিয়েছে। এখানে এভাবে বলা যাবে না অনিদা। বাস থেকে নেমে বলছি। তার আগে বাসস্ট্যান্ডে নেমে আজকের একটা খবরের কাগজ জোগাড় করতে হবে'।

   প্রায় বত্রিশ মিনিটে বাসটা ওদের স্টপেজে নিয়ে এলো। বাস থেকে নেমেই অনি আজকের খবরের কাগজের সন্ধান করলো। শেষ পর্যন্ত বুম্বা কাকুর মোটর মেকানিকের দোকানে পেয়ে গেলো। আসলে যারা গাড়ী সারাতে আসে তাদের অনেকক্ষণ অপেক্ষা করতে হয় যতক্ষণ না গাড়ীটা সারানো হয়। তাই বুম্বা কাকু রোজই দুটো খবরের কাগজ কেনে। আজ বললো,

• 'অনি তুই নিয়ে যা একটা কাগজ। কাগজটা সকালের দিকে দরকার হয় বেশী। বিকেলে কেউ সেরকম ভাবে কাগজ পড়ে না। বেশিক্ষণ অপেক্ষা করতে হলে চা এনে দিতে হয়। তুই নিয়ে যা এটা'।

এরপর তিনজনে বাড়ীর পথ ধরল। রাতুল বললো,

   - 'অনিদা বাড়ী গিয়ে পড়বে খবরটা। এখানে অন্ধকার হয়ে আসছে পড়তে পারবে না'।

   কাগজ টা খুলেও অনি আবার ভাঁজ করে নিলো।

   - 'হ্যাঁ তাই তো, রাস্তায় আর পড়বো না। তুই বল শুনি একটু'।

   রাতুল আরম্ভ করলো ঘটনাটা,

   - 'জঙ্গলমহলে একটা মেয়েকে পাওয়া গেছে। দেখে প্রথমে মৃতদেহ মনে হয়েছিল, কিন্তু না, মেয়েটা অজ্ঞান অবস্থায় ছিলো। শরীরের জামাকাপড় ছেঁড়া ছেঁড়া। শরীরের অনেক জায়গায় ক্ষতচিহ্নও দেখা যাচ্ছে। পুলিশ জানতে পেরেছে যে মেয়েটি বড়লোক বাড়ীর মেয়ে। খুবই সুন্দরী, পড়াশোনাতেও ভালো। বাড়ী থেকেই ওকে কারাটে শেখার ব্যবস্থা করে

দিয়েছিলো। যাতে নিজের সুরক্ষা নিজে করতে পারে। কিন্তু কিভাবে মেয়েটা এতো দূরে চলে গেল বাড়ী থেকে। আর এতো ক্ষতচিহ্ন ওর শরীরে থাকা সত্ত্বেও ব্যক্তিগত অঙ্গে কোনো লাঞ্ছনার নমুনা পাওয়া যায়নি। অদ্ভুত লাগছে অনিদা। কাগজটা পড়লেই বুঝতে পারবে। ওখানে পুলিশের সংশয়, মেয়েটির বাড়ীর সংশয় সব লেখা আছে। যতক্ষন না মেয়েটি সুস্থ হচ্ছে ততক্ষণ কিছু জানাও যাচ্ছে না। তবে আজ টিভির খবরে কিছু বলতে পারে। তুমি একটু খবরটা দেখো। বেশ রহস্যময়। আর দ্যাখো কারাটে শিখেও যদি মেয়েরা নিজেদের সুরক্ষা করতে না পারে তাহলে আর কিভাবে পারবে বলো ? বাবা, মা, দাদারা, ভাইয়েরা তো সারাক্ষণ নিজেদের কাজকর্ম ফেলে বাড়ীর মেয়েদের সঙ্গে সঙ্গে ঘুরতে পারে না, তাই না ? আর এভাবে অন্যের উপর বোঝা হয়ে থাকাটাও তো ঠিক না। নিজের সুরক্ষার ভার নিজেকেই নিতে হবে। মেয়ে মানেই কি বাড়ীর লোকের দুশ্চিন্তার কারণ ? পড়াশোনা শিখে কি লাভ যদি তাদের ব্যক্তিত্বেরই উন্মেষ না ঘটলো'?

তারপর শ্রীমার দিকে কটাক্ষ করে রাতুল বললো,

- 'এসব দুস্ট ছেলেরা যদি আমার দিদির হাতে পড়তো, তাহলে গরম খুন্তি দিয়ে শায়েস্তা করে দিতো। ঐ জন্যই তো দিদিকে আজ পর্যন্ত কেউ বিরক্ত করতে সাহস পায়নি। এইদিক থেকে আমি খুব নিশ্চিন্ত। আমার দিদি হলো ঝাঁসির রাণী'।

শ্রীমা বললো,

- 'এই রাতুল তুই কবে, কতবার গরম খুন্তির ঘা খেয়েছিস্ আমার হাত থেকে? না রে অনি ওর কথা একদম বিশ্বাস করবি না'।
- সে তো আমি লক্ষ্মী ছেলে বলে গরম খুন্তির ছ্যাঁকা খাইনি। ওটা তো দুস্টু লোকেদের জন্য তাই না?

অনির কানে কিছুই ঢুকছে না ভাইবোনের খুনসুটি। সে এখন গভীর চিন্তায় মগ্ন। আবার জঙ্গলমহলে এরকম ঘটনা ঘটলো কেন ? কিভাবে মেয়েটি ওখানে গেল ? তার শরীরে এতো আঘাত সত্ত্বেও ব্যক্তিগত অঙ্গে কোনো লাঞ্ছনার চিহ্ন নেই কেন ? তাহলে কি কারণে মেয়েটিকে জঙ্গলে নিয়ে গেলো? তাহলে কোনো ব্যক্তিগত আক্রোশে খুন করতে চেয়েছিলো মেয়েটিকে ?

মেয়েটি জ্ঞান হারালো কিভাবে ? কারাটে জানা মেয়ে কিভাবে ওদের স্বীকার হলো ? এমন হাজারো প্রশ্ন অনির মাথায় ঘুরপাক খাচ্ছে। সে তো চিংকীকে কারাটেতে , লাঠিখেলায় ভর্তি করেছে যাতে সে নিজের সুরক্ষা নিজে করতে পারে। কিন্তু এ আবার কোন নতুন সমস্যা ?

রাতুল বুঝতে পারে অনিদা কেনো গভীর চিন্তায় মগ্ন হয়েছে। হয়তো এই খবরটা শুনেই চিন্তা করছে। ছোটো থেকেই দেখেছে অনিদা খুব সিরিয়াস সব বিষয়ে। সবকিছু মনোযোগ সহকারে চিন্তা করে। রাস্তায় প্রথমে রাতুলের বাড়ী, তারপর বেশকিছুটা গিয়ে অনিদের বাড়ী। এ রাস্তায় টোটো খুব বেশী চলে না। তাই হেঁটে অথবা সাইকেলে যাওয়া আসা করতে হয়। আজকে সকলেই হেঁটে গেছে , তাই হেঁটেই আসতে হোলো। রাতুলদের বাড়ীর কাছে পৌঁছালে শ্রীমা বলল,

- ‘অনি আয় আমাদের বাড়ী, একটু চা খেয়ে যা’।

- ‘না শ্রীমাদি এই তো চা খেলাম কিছুক্ষণ আগেই। অন্যদিন আসবো’। রাতুল বললো,

- ‘এসো না অনিদা একটু গল্প করে যাবে’ ।

- ‘না রে, অন্যদিন আসবো। মা অপেক্ষায় থাকে। না ফেরা পর্যন্ত চিন্তা করে। তাছাড়া মায়ের শরীরটা মাঝে মাঝে খারাপ হয় । আসলে বাবা দোকানে, মা একা থাকে তো তাই আমি ফিরতে দেরি করলেই দুশ্চিন্তা করে । আমি তো ব্যস্ত থাকি সামনে পরীক্ষা। তাড়াতাড়ি ফিরলে মা কে একটু সাহায্য করতে পারি, সবসময় হয়ে ওঠে না। আসি রে। পরে আসব একদিন, গল্প করে যাবো। শ্রীমাদি খুব ভালো করে পড়াশোনা করো আর আবৃত্তির চর্চা করে যাও। এবার দুর্গাপূজায় তুমি আর আমি “কর্ণকুন্তীসংবাদ” শ্রুতিনাটক করবো। চর্চা চালিয়ে যাও’।

এরপর অনি দ্রুত পা চালিয়ে বাড়ী যায়। জামাকাপড় বদলে কলঘরে যায়। ভালো করে গা হাত পা ধুয়ে একটু তরতাজা হবার চেষ্টা করে। তাড়াতাড়ি রান্নাঘরে গিয়ে চায়ের জল চড়ায় গ্যাসে । মা এখন সন্ধ্যাহ্নিকে বসেছেন। ওর চা বানাতে বানাতে মাও আহ্নিক সেরে ফেলবেন। এমন সময় চিংকী এসে বললো,

- ‘দাভাই আমি চা করবো’?

- ‘নাহ্ । পড়তে বোস আমি তোকে চা দিয়ে আসবো’।

- ‘ভাল্লাগেনা, তুই আমাকে কিছুই করতে দিস্ না। আমি তো পারবো। আমি তো এখন বড়ো হয়ে গেছি ‘।

- 'বড় হয়ে গেছিস্ তো বড়োদের মতো কাজ কর। চা, রান্না সময়ে শিখে যাবি। এখন পড়াশোনা, কারাটে, ছবি আঁকা ভালো করে মন দিয়ে কর্ গে। যা দেখে মানুষ বলবে হ্যাঁ সত্যিই বড়ো হয়েছিস। যা ভাগ্ এখান থেকে। পড়তে বোস্ গিয়ে'।

অগত্যা চিংকী চলে যায় পড়তে। অনি দেখলো মা ইতিমধ্যে চাউমিন বানিয়ে রেখেছে। চাউমিন আর চা চিংকীকে দেয়। মা ও পূজাঘর থেকে বেরিয়েছে। সামান্য কিছু চাউমিন আর চা ওর মাকে দিয়ে নিজেও নেয় সে। সব বাসনপত্র বেসিনে রেখে নিজের ঘরে গিয়ে খবরের কাগজ খোলে। নির্দিষ্ট খবরটিকে খুঁজে পায় সে।

20

আহত অরুণিমা

অরুণিমা একাদশ শ্রেণীর ছাত্রী। বাবা মার একমাত্র মেয়ে। পরিবার অত্যন্ত সচ্ছল। বাবা ব্যবসায়ী। এছাড়াও পূর্বপুরুষের পুরোনো সম্পদও আছে ওদের। অত্যন্ত সুন্দরী হবার কারণে বিভিন্ন কমবয়সী ছেলেদের নজরে সর্বদাই ছিল সে। কিন্তু অত্যন্ত মেধাবী অরুণিমার কোনো দিকেই নজর ছিলনা। যখন সোজা আঙুল দিয়ে ঘি ওঠে না তখন আঙুল বাঁকাতে হয়। এইরকম ভাবেই দুষ্ট ছেলেরা বাঁকাপথ অবলম্বন করে।

খবর কাগজ পড়ে নিয়ে কয়েক জায়গায় পেন দিয়ে দাগ দিয়ে রাখে কাগজে। মায়ের ঘরে টিভি খুলে , বিভিন্ন চ্যানেলে প্রকাশিত খবর গুলো দেখতে বসে।

গত পরশু অরুণিমা স্বাভাবিকভাবেই রোজকার মতো স্কুলে গিয়েছিলো। বাড়ী থেকে টিফিন নিয়ে গিয়েছিল, বাড়ীতে বলে গিয়েছিল স্কুল শেষে টিউশন পড়ে বাড়ী ফিরবে। সন্ধ্যা হয়ে যায় ক্রমশ রাত হয় কিন্তু অরুণিমা বাড়ী ফেরেনি। অরুণিমার বাড়ীর লোক প্রথমে স্কুল, হেডমাস্টার, প্রাইভেট টিউটর, ওর সাথে পড়ুয়া মেয়েদের বাড়ী যায়। কোনো খোঁজ না পেয়ে থানায় নিখোঁজ ডায়েরী এবং পুলিশ সুপারকে জানিয়ে শুরু হয় তল্লাশি। জঙ্গলের দিকে গিয়ে তল্লাশি চালাতেই ওকে পড়ে থাকতে দেখা যায়। সঙ্গে সঙ্গে হাসপাতালে ভর্তি করা হয়।

হঠাৎ চিৎকার করে ওঠে অরুণিমা নার্স দৌড়ে আসে, নাহ আবার জ্ঞান হারিয়ে ফেলে। পেট থেকে অনেক রক্তক্ষরণ হয়েছে। ক্ষতটা অনেক গভীর। ছুরির আঘাত টা বেশ জোরালো। রোগীর যতক্ষণ না জ্ঞান ফিরছে ততক্ষণ

কিছুই জানা যাবে না। হাসপাতালে পুলিশ মোতায়েন আছে। নার্স ডাক্তারকে ডাকে, ডাক্তার আসে একবার নাড়ী ধরে বললেন,

- 'সময় লাগবে জ্ঞান ফিরতে, আঘাতটা বেশ জোরালো । বিশেষ ভাবে খেয়াল রাখো' ।

নার্স কে একথা বলে ডাক্তার চলে যায়। অরুনিমা বাবা মা সেই থেকে হাসপাতালে বসে আছে, অন্যান্য অনেক আত্মীয়রাও বসে আছে। ডাক্তার বেরোলেই সবাই জিজ্ঞাসা করে। সবাইকে ডাক্তারবাবু বললেন,

- 'অনেক রক্তক্ষরণ হবার কারণে বেশ দূর্বল, ভয়ের কিছু নেই, ধীরে ধীরে সুস্থ হয়ে উঠবে। কোনো একটা ব্যাপারে রোগীর ভিতরে আতঙ্ক কাজ করছে তাই অস্বাভাবিক ভাবে চীৎকার করে উঠছে। ঠিক হয়ে যাবে' ।

বাবা মা অরুণিমার কাছে আসে অচেতন অবস্থাতে সে শরীর নাড়াতে পারছে না । কিন্তু কার সাথে যেন প্রচন্ড ক্যারাটে লড়ছে । মুখে মারপিট করার আওয়াজ হচ্ছে। যেন ও কাউকে খুব মারছে। ওনারা নার্সকে ডাকলেন। নার্স এসে দেখে বললো,

- 'হ্যাঁ, এরকম করছে আজ সকাল থেকে মাঝে মাঝে । আসলে কালকের ঘটনাতেই ওর মাথা আটকে আছে। এভাবেই আস্তে আস্তে জ্ঞান ফিরে আসবে। আসলে জ্ঞান ফিরছে বলেই এমন করছে। চিন্তা করবেন না' । অরুণিমার বাবা মা ছাড়া সকলেই বাড়ী চলে যায়। ওনারা একেবারে মেয়েকে নিয়েই ফিরবেন বলে বাড়ী থেকে হাসপাতালে এসে বসে আছেন। গভীর রাতে হঠাৎ খুব তেষ্টা পায় অরুনিমার, চোখ খুলে বিছানা থেকে নামতে গিয়ে পারে না, সারা শরীরে ব্যাথা, নামা যাচ্ছে না । কোথায় আছে সে ? এই জায়গাটা কোথায় ?বাড়ী তো মনে হচ্ছে না।
- 'জ—ল','জ—ল'।

নার্স দৌড়ে আসে সামান্য জল মুখে দেয়। অপারেশন আছে পেটে তাই জল বেশী দেওয়া যাবে না। নার্স নিশ্চিন্ত হয়, রোগীর জ্ঞান ফিরেছে দেখে।

- 'আমি কোথায়'?
- 'নার্সিং হোমে'

বলেই নার্স সরে যায় ওর কাছ থেকে।

গতকাল টিউশন থেকে বেরিয়ে ফুচকাওয়ালাকে দেখে ও ফুচকা খেলো তারপর মাথাটা কেমন যেন ঝিম ঝিম করলো। তারপর বাড়ীর পথে এগোলো। অনেকক্ষণ কিছু জানে না। তারপর জঙ্গলের মধ্যে ঢোকার পরই চেতনা ফিরে আসে। কয়েকজন ওকে ধরে ধরে জঙ্গলে ঢুকছে। ও হঠাৎ ঘুরে দাঁড়িয়ে পড়ে। দু চার ঘুষি ও পা চালিয়ে দেয়। ওরা ওকে মাটিতে ফেলার চেষ্টা করে। এসময় হঠাৎ ও রিপনকে দেখতে পায়। ওর থেকে দু ক্লাস উঁচুতে পড়ে। বড়লোকের ছেলে। অরুনিমার বান্ধবী তনিমা একদিন একটা চিঠি দিয়ে বলে, 'রিপনদা দিয়েছে নে ধর'। অরুনিমা বলে,

- 'এটা নিয়ে আমি কি করব'। তনিমা বলে,
- 'পড়ে দ্যাখ্ দ্যাখ্, রিপনদা অনেক বড়োলোকের ছেলে'। অরুনিমা বলে,
- 'দে'।

অরুনিমা হাত বাড়িয়ে চিঠিটা নিয়ে কুচিকুচি করে ছিঁড়ে ফেলে দেয়। ব্যস্ তারপর আর কিছু না। আর আজ তাহলে রিপন প্রতিশোধ নিতে এসেছে। অরুনিমা বীর বিক্রমে হাত পা চালায়, কিন্তু একটি ছেলে হঠাৎ পাশ থেকে ওর পেটে ছুরি ঢুকিয়ে দেয়। অরুনিমা মাটিতে পড়ে যায়, অনবরত রক্তক্ষরণ হয়। ওরা ভয় পেয়ে নিজেরাই পালিয়ে যায়।

তনিমা কদিন পর আজ টিউশন পড়তে এসে ফুচকাওয়ালাকে দেখতে পাচ্ছে না। আজ খুবই ফুচকা খেতে প্রাণ চাইছে। খুব ভালো করে ফুচকা। তাছাড়া মানুষটা খুব ভালো। অমায়িক মানুষ। কে জানে কেন আসছে না। তনিমা ভাবে অরুনিমার এমন অবস্থার পিছনে রিপনদার হাত নেই তো ? কদিন ধরে রিপনদার ও দেখা নেই। কোথায় কে জানে ? হঠাৎ তার মাথায় একটা কথা জাগে। যেদিন তনিমা পড়তে আসেনি স্কুলেও যায়নি, শরীর ভালো ছিলনা তার জন্য, আর সেদিনই কিনা অরুনিমার এরকম দুর্ঘটনা ঘটলো। ব্যাপারটা তনিমার কাছে বেশ রহস্যময় লাগে। সেদিন অরুনিমা পড়তেও এসেছিলো। তারপর আর কেউ কিছু জানে না। ফুচকাওয়ালাটা কি কিছু জানে ? অরুনিমাও এখানে মাঝে মাঝে ফুচকা খেতো। বিভিন্ন কথা

ভাবতে ভাবতে তনিমা আনমনে বাড়ী যায়।

দিন তিনেক আগে রিপন সন্ধ্যায় হঠাৎ ব্যাগপত্র গুছিয়ে বন্ধুদের সঙ্গে টুরে যাচ্ছি বলে বেরিয়ে যায়। মা-বাবাকে বলে যায় দার্জিলিং এর টিকিট কাটা ছিলো, তাই যাচ্ছে। এভাবে বেরিয়ে এলেও জানে না ওর কি করা উচিত কোথায় যাবে ? স্টেশনে এসে উদ্‌ভ্রান্তের মতো সাত পাঁচ ভাবতে ভাবতে পুরীর ট্রেনে উঠে পড়ে। দুপুর থেকে কিছু খাওয়া হয়নি। এখন তো গলা দিয়ে কিছু নামবেও না। কিভাবে যে কি হয়ে গেলো। বড্ড হঠকারী সিদ্ধান্ত নেওয়া হয়ে গেছে। সেন্টু বাঁদরমার্কা ছেলে একখানা। ও যে এরকম ভাবে অরুর পেটে ছুরি চালিয়ে দেবে রিপন ভাবতেও পারেনি। ও তো শুধু অরুণিমাকে একটু একান্তে কাছে পেতে চেয়েছিলো, তাকে বোঝাতে চেয়েছিলো ,সে কতখানি ভালোবাসে অরুকে। ছোটো থেকে সে না চাইতেই সব কিছু পেয়েছে, চাইলে তো কথাই নেই। বাবা মা সবসময় তাকে সব সুবিধা দিতে চেয়েছেন। দেবে নাই বা কেনো ? সব সম্পদ তো একদিন তারই হবে। সে - ই তো একমাত্র উত্তরাধিকারী। 'না' শুনতে সে অভ্যস্ত নয়। কতরকম ভাবে তার প্রাণের 'অরু' কে সে বোঝাতে চেয়েছে ভালোবাসি। 'অরু' বোঝেনি না বুঝতে চায়নি সে জানে না। কিন্তু তনিমাকে দিয়ে চিঠি পাঠালো, আর ও কিনা খুলেও দেখলো না। তনিমা বললো চিঠি পাওয়া মাত্রই অরু তা কুচিকুচি করে ফেলে দিয়েছে। কেন অরু ? আমি তোমাকে চেয়ে পাবো না কেন ? জীবনে প্রথমবার আমার চাওয়াকে কেউ নাকচ করলো। তাই অনেক ভাবনা চিন্তা করে ফুচকাওয়ালাকে ভয় দেখিয়ে ফুচকার সাথে ঘুমের কড়া ডোজের ওষুধ মিশিয়ে তুলে নিয়ে যেতে হলো। এখন মনে হচ্ছে ফুচকাওয়ালা বোধহয় সব ওষুধটা মেশায়নি তাই অরু প্রথমে ঝিমোলেও, পরে সক্রিয় হয়ে গিয়েছিলো। কিন্তু বিশ্বাস করো অরু আমি তোমাকে ওভাবে আঘাত করতে চাইনি। তোমার শরীরে একটা কাঁটার ও আঁচড় লাগুক, আমি তা চাইনি অরু। আমি তোমাকে তো রানী করে রাখতে চেয়েছি অরু। তুমি কখনও অন্য কারো হতে পারো না, তুমি শুধু আমার থাকবে। কিন্তু কিসব ঘটে গেলো। অরু কি কোনোদিন বুঝবে আমি তাকে ভালোবাসি। এতো বড়ো আঘাতের পর অরু কি তাকে ক্ষমা করতে পারবে ? সেন্টুকে যে শাস্তি দেবো তার উপায়ও ছিলনা। হাতে সময় ছিলোনা। অরু কি বাঁচবে ? কেউ যদি অরুকে খুঁজে না পায় তাহলে ? তাহলেতো অরু বাঁচবে না। ঐ জঙ্গলেই কষ্ট পেতে পেতে মরে যাবে। রিপন হঠাৎ ডুকরে কেঁদে ফেলে। কিভাবে খবর পাবে সে অরুর ?

এরপর পুলিশ কদিন খুব থানা তল্লাশি করে। স্কুলে অরুর সাথে যারা পড়ে তাদেরও ডাকে থানায়। জিজ্ঞাসাবাদ করে। এইভাবে তনিমারও ডাক পড়ে, কিন্তু তনিমা ঐ চিঠি দেওয়া বা চিঠি কুচানোর ঘটনা একেবারে চেপে যায়। পুলিশ জানতে পারে অরুনিমা নামের মেয়েটি অত্যন্ত মেধাবী এবং ভদ্র একটি ছাত্রী, যে পড়াশোনা আর নিজের প্রয়োজনীয় কাজ ছাড়া আর কিছু জানে না। পুলিশ টিউশন পড়ানোর জায়গায় যায়। যেখান থেকে অরুনিমার টিউশন পড়ে বাড়ী ফেরার কথা ছিলো। এভাবে খুঁজতে খুঁজতে পুলিশ ফুচকাওয়ালার কথা জানতে পারে। কয়েকদিন ফুচকাওয়ালা বেচাকেনাতেও বেরোয়নি আতঙ্কে। কারণ সে জানতে পেরেছে যাকে সে দুষ্ট ছেলেদের ভয়ে ওষুধ মিশিয়ে দিয়েছিল ফুচকার সঙ্গে, তার দেহ জঙ্গলে পাওয়া গেছে। পুলিশ ফুচকাওয়ালাকে খুঁজে থানায় আনে। ফুচকাওয়ালা কান্নায় ভেঙে পড়ে সব জানায়। সে আরও জানায় যে সে সামান্য ওষুধ দিয়েছিল বাকীটা সে কায়দা করে ফেলে দিয়েছিল। কিন্তু ছেলেগুলোকে মাত্র দু একদিনই দেখেছে। তবে আবার দেখলে হয়তো, চিনতে পারবে। ফুচকাওয়ালাকে ছেড়ে দেওয়া হলেও, পুলিশ জানিয়ে দেয় এই এলাকা ছেড়ে অন্যত্র সে যেতে পারবে না। যদি একান্তই তাকে যেতে হয় তাহলে থানায় লিখিত ভাবে জানিয়ে যেতে হবে। এভাবে পুলিশ তল্লাশি চালায়। তল্লাশি করতে গিয়ে কিভাবে রিপনের নাম এসে পড়ে। পুলিশ রিপনের মোবাইল নাম্বার ও পেয়ে যায়। পুলিশ ঐ নাম্বারে ফোন করে বুঝতে পারে নাম্বারটি বর্তমানে কাজ করছে না। রিপন ঐ সিমকার্ড ব্যবহার করছে না, সিমকার্ড বদলে নিয়েছে সে। কিন্তু তার পুরোনো সিমকার্ড ওড়িশার দিকে নির্দেশ করছে। এরপর পুলিশ ওড়িশার পুলিশের সাথে যোগাযোগ করে ধরে নিয়ে আসে রিপন কে এবং হাজতে রাখে। রিপনের বাবা কোনোভাবেই রিপনকে ছাড়াতে পারে না পুলিশের হেফাজত থেকে।কেসটা যে মহিলা সম্বন্ধীয়। তাঁর দিক থেকে সবরকম চেষ্টা তিনি করেছেন। এখন অপেক্ষা শুধু অরুনিমার সুস্থ হয়ে ওঠা। ওর মুখ থেকে আসল ঘটনা জানার দরকার। ওর শরীর এতটাই দূর্বল যে ডাক্তার নিষেধ করেছে বেশী কথা বলতে, আর ওকে কিছু জিজ্ঞাসাবাদ করতেও পুলিশকে না করা হয়েছে।

অনি আপাতত এই খবরটা জানার জন্যই টিভিতে চোখ রাখছে, এবং খবরের কাগজে ওই অংশটুকু পড়ে নিচ্ছে। মাথায় কেন জানিনা এই খবরটা ঘুরপাক খাচ্ছে। আজকে রবিবার,অনি কলেজে যায়নি। তাই সারাদিন নিজের কাজকর্ম, বাজার করা, জামাকাপড় কাচা, ইস্ত্রি করা, মাকে কাজে

সাহায্য করা, সামনের পরীক্ষার পড়া এসব করে সন্ধ্যায় টিভিতে চোখ রাখে। আজ অরুনিমার কেসের প্রধান আসামী রিপন ও তার সঙ্গীসাথীরা ধরা পড়েছে। সকলেরই খুব কম বয়স। আঠারো থেকে বাইশ বছর। অনির খুব খারাপ লাগছে। ছেলেগুলোর ওপর রাগ করতে পারছে না, ওদের সামনের অন্ধকারকে দেখে আতঙ্কিত হলো অনি। প্রথমতঃ ঐ ছেলেগুলোর সামনে কোনো আদর্শ ছিল না, ভুল সঙ্গতে ভুলভাবে হঠকারী সিদ্ধান্তের দ্বারা পরিচালিত হয়েছে তারা। এখন আবার শাস্তির নামে আরও অন্ধকারের দিকে ঠেলে দেওয়া হবে তাদেরকে।যার ফলে ভবিষ্যতেও তারা আর আলোর জগৎ দেখতে পাবে না। মনে মনে বেশ বিচলিত হয়ে ওঠে অনি। এখন কি হবে এটাই দেখার অপেক্ষায় অধীর হয় সে।

রাতের খাওয়াদাওয়া সেরে মায়ের সঙ্গে অনি বাসনপত্র ধুয়ে নেয়। সকালে যাতে তাড়াহুড়ো করতে না হয় তাই রাতের কাজ রাতেই সেরে রাখে। এরপর খানিক পড়াশোনা করে শুতে যায়।

আজ কলেজ থেকে ফিরতে একটু দেরীই হল। তাড়াতাড়ি পা চালিয়ে দেবপুর বাসস্ট্যান্ড থেকে বাড়ীর দিকে আসে। কিন্তু যেন পা চলছে না। দূরে কিছু যেন দেখা যাচ্ছে। কয়েকজন যেন কারোও পিছে ধাওয়া করছে। অনি দৌড়তে চেষ্টা করেও পারে না। ও ঐতো ফ্রক পড়া একটা মেয়েকে কয়েকটি ছেলে পাকড়াও করলো। মেয়েটির মুখ হাত দিয়ে চেপে রাখা। অনি দৌড়াতে চাইছে, চিৎকার করতে চাইছে, ছেলেগুলোকে ধরতে চাইছে, গলা দিয়ে স্বর বেরোচ্ছে না ,দৌড়বার চেষ্টা করছে কিন্তু রাস্তাটা কমছে না, ঐ ফ্রক পরা মেয়েটাও কোনোভাবে ওদের হাত থেকে নিজেকে ছাড়াতে পারছে না। ওরা খানিক কাছে আসছে, বোধহয় সামনের ঝোপটার দিকে যাচ্ছে। অনি অল্প আঁধারে মেয়েটিকে একটুখানি দেখতে পেলো, অনি দৌড়াতে চেষ্টা করছে, চীৎকার করতে চাইছে, ছেলেগুলো কে ধরতে চাইছে, পারছে না, অদৃশ্য এক দড়িতে যেনো কেউ ওকে বেঁধে রেখেছে, শরীরের সমস্ত গতি যেনো কেউ রোধ করে দিয়েছে। হঠাৎ ওদের হাত মেয়েটির মুখ থেকে একটু আলগা হতেই মেয়েটি চীৎকার করে ওঠে 'দা-ভা-ই--- দা-ভা-ই... বাঁ-চা... বাঁচা আ-মা-য'। অনি চিৎকার করতে চায় এ--এতো চিংকী...চি:-চি:-চি:...।

ধড়মড়িয়ে অনি বিছানায় উঠে বসে। হার্টবিট অত্যন্ত বেড়ে গেছে। কপাল ভর্তি ঘাম।তার চীৎকার গোঙানির মতো শোনায় আঁ...আঁ...আঁ...। পাশের ঘর থেকে বাবা-মা দৌড়ে আসে।

• 'কি হলো অনি...কী হলো...'।

মা বাবা এসে ঘরের আলো জ্বালিয়ে, এক গ্লাস জল অনির মুখে ধরে, সামান্য জল হাতে নিয়ে মুখে বুলিয়ে দেয়। মা জানতে চায়,

• 'কি হয়েছে বাবা ? দুঃস্বপ্ন দেখলি' ?

অনির বাবা ভাবে ছেলেটা মাঝে মাঝেই দুঃস্বপ্ন দেখে। একবার কোনো ডাক্তার দেখানো জরুরী দরকার।
একটু ধাতস্থ হয়ে অনি বললো,

• 'কিছু হয়নি মা,ও কিছু না। যাও মা তোমরা শুয়ে পড়ো, বাবা তুমিও শুয়ে পড়ো।

মা,বাবা কথা না বাড়িয়ে শুতে চলে যায়। হৃদস্পন্দন শান্ত হতে থানিক সময় লাগে। অনি আবার ওঠে চুমুক দিয়ে ধীরে ধীরে জল খায়। তারপর শুয়ে পড়ে।
আজ অরুনিমা বাড়ী ফিরছে হাসপাতাল থেকে। ইতিমধ্যেই পুলিশ তাকে জিজ্ঞাসা করেছে ঘটনা সম্পর্কে। অরুণিমা বলেছে সে কাউকে চেনে না, তাদের কাউকেই কখনো সে আগে দেখেনি। পুলিশ তাকে জোর করেনি। আরেকটু সুস্থ হলে তাকে আবার একদিন জিজ্ঞাসা করা যাবে। বিকেলে অরুনিমার বাড়ীতে রিপনের বাবা এলো। অত্যন্ত সংকোচের সঙ্গে অরুনিমার বাবাকে বলল একবার অরুণিমা মায়ের সঙ্গে কথা বলতে পারি ? ওনাকে বাইরের ঘরে বসিয়ে রেখে অরুণিমাকে ওর বাবা নিয়ে এলো। অরুণিমা এখনো পেটে চাপ দিয়ে হেঁট হতে পারছে না। হাত জোর করে প্রণাম করলো রিপনের বাবাকে।
- 'আমি রিপনের বাবা'।
- 'কেমন আছেন কাকাবাবু' ?
- 'আগে বলো মা তুমি কেমন আছো' ?
- 'আগের থেকে অনেক ভালো আছি কাকাবাবু। ব্যস্ আর কদিন পর পুরোপুরি সুস্থ হয়ে যাবো'।
- 'আচ্ছা মা, তাড়াতাড়ি সুস্থ হয়ে ওঠো। আচ্ছা চলি মা আজকে'।

অরুণিমা অবাক হয়। রিপনদার বাবা এখানে কেনো এলেন? আবার কিছু না বলেই চলে যাচ্ছেন, কেনো? আগে তো পরিচয় ছিলো না। তাই ওর দুর্ঘটনার কথা জেনে দেখতে এসেছেন সেরকমও কিছু না। তবে? তবে...

কি হতে পারে? অরুণিমা ঘরে চলে যায়। এখন শুধু শুয়ে থাকতে প্রাণ চাইছে।

মনোজিৎ রায় আজ কিংকর্তব্যবিমূঢ়। অরুণিমার কাছে এসেছিলেন ছেলের উপর থেকে যাতে কেসটা তুলে নিয়ে তাকে হাজত থেকে মুক্তি দেওয়া হয় এরজন্য অনুরোধ করতে। কিন্তু অরুণিমার বাড়ীর লোক তাঁর সাথে বেশি কথা না বললেও দুর্ব্যবহার করেনি। অরুণিমার মধ্যে তো কোনও বিষন্নভাব, বা বিরক্তিও দেখা গেল না। তাই মনোজিৎবাবু কি বলবেন ঠিক বুঝে উঠতে পারলেন না। মেয়েটা বড্ড অসুস্থ, আগে সুস্থ হোক। আরও একবার আসতে হবে তাঁকে অরুণিমার কাছে।

অরুণিমার বাবা সুখময় ভট্টাচার্য, মনোজিৎ রায়ের তার বাড়িতে অরু-র কাছে আসার কারণ তিনি ঠিকই বুঝতে পেরেছেন। কিন্তু ভদ্রতার খাতিরে চুপ করে ছিলেন। আর অরুণিমা এমনিতেই পুলিশকে কোনো তথ্য সেভাবে দিচ্ছে না, ও কি সত্যিই কাউকে চিনতে পারেনি? না কি কিছু এড়িয়ে যাচ্ছে? রহস্য টা কি? আগে অরু সুস্থ হোক। ওকে এখন কোনোরকম চাপ দেওয়া যাবে না। মেয়ের শরীর তাহলে আরও খারাপ হতে পারে।

আজ অনি ডঃ সুবীর মিত্র এর চেম্বারে। তিনি একজন মনোরোগ বিশেষজ্ঞ। ছেলেকে অনেক বুঝিয়ে প্রশান্ত, ডাক্তারের কাছে এনেছে। মাঝে মাঝেই ঘুমের মধ্যে চীৎকার করে, আতঙ্কিত হয়। এমনটা রোজ রোজ হওয়া ভালো নয়। পরে বড় ধরনের কোনো মানসিক সমস্যা হতে পারে। ওদের আগে কয়েকজন রোগী আছে এখনও ডাক্তার দেখাতে। তাদের হয়ে গেলেই অনির ডাক আসবে।

অনি চেম্বারে ঢুকতেই ডাক্তারবাবু ওকে এক পলক দেখলেন। সমস্যাটা প্রশান্তবাবু বললেন। ডাক্তারবাবু এবার প্রশান্তকে বাইরে যেতে বললেন। এরপর অনির মুখ থেকে শুনলেন। এরপর বিভিন্ন ভাবে জিজ্ঞাসা করে পূর্বের স্মৃতি গুলোকে জানলেন ওর থেকে। অবশেষে ডাক্তারবাবু বুঝলেন রোগের উৎস। এরপর অনির বাবাকে ডেকে বললেন হঠাৎ করেই ওর দুঃস্বপ্ন দেখা বন্ধ হয়ে যাবে। ও যে বিষয় নিয়ে মনের গভীরে চিন্তা করছে, আতঙ্কিত হচ্ছে, দুর্ভাবনা করছে, সেই দুর্ভাবনার বিষয়টা যখন চলে যাবে বা যখন ও বুঝতে পারবে যে দুর্ভাবনা করার মতো কিছুই নেই তখন সুস্থ হয়ে যাবে। যেমন

ধরুন কেউ জলকে খুব ভয় পায় । ফলে পুকুর পাড় দিয়ে যেতে চায় না, যদি পুকুরে পড়ে যায় তাহলে ডুবে মরে যাবে এরকম আতঙ্কে থাকে। এই ডুবে মরে যাবার ভয় তাকে তাড়া করে। রাতে স্বপ্ন দেখে সে পুকুর পাড় দিয়ে যাবার সময় পুকুরে পড়ে যাচ্ছে । এই পড়বার মুহূর্তে সে ঘুমের ঘোরে চিৎকার করে উঠছে। কিন্তু বন্ধুবান্ধবদের পাল্লায় পড়ে তাকে জোর করে পুকুরে নামানো হলো । জলের সঙ্গে সম্পর্ক হলো।এইভাবে ধীরে ধীরে সে সাঁতারও শিখে গেলো হয়তো। জল তখন তার আয়ত্তে এলো। ব্যস্ জলের প্রতি ভীতিও তার কেটে গেল। আর তারপর সে পুকুরে পড়ে যাচ্ছে , ডুবে মরে যাচ্ছে এই দুঃস্বপ্ন দেখাও বন্ধ হলো আর চীৎকারও বন্ধ হলো। এরকমই ঘটছে আপনার ছেলের সঙ্গে। ভয় নেই। সামান্য ওষুধ দিচ্ছি, টেনশন ফ্রী থাকবে। চিন্তার কোনো কারণ নেই। খুব তাড়াতাড়িই ওর দুঃস্বপ্ন দেখা বন্ধ হবে আশা রাখি। বয়সটা তো কম, এই বয়সে আবেগ খুব বেশী থাকে। মস্তিষ্ক পরিণত হলে এসব সমস্যা ঠিক হয়ে যাবে' ।

প্রশান্ত নিশ্চিন্ত হয়। রাস্তায় এসে ওষুধ কিনে নেয়। এরপর বাবা ছেলে বাড়ীর পথে রওনা দেয়।

21

অরুণিমার সিদ্ধান্ত

দুপুরে খেতে বসে অঞ্জলি কেঁদে ফেলে। তাদের একমাত্র ছেলে আজ হাজতে। কতগুলো দিন ভালো করে খায়নি তাদের ছেলে। কেঁদে কেঁদে অঞ্জলি ঠাকুরকে কেবল জানাচ্ছে 'হে প্রভু তুমি আমার ছেলেকে বদনামের হাত থেকে বাঁচাও আর আমাদের তুমি ক্ষমা করো প্রভু, আমরা কেউ ওকে কখনো শাসন করিনি, ওর সকল চাওয়া সবসময় পূর্ণ করেছি। মা বাবা হিসাবে আমাদের অনেক ভুল হয়েছে'।

সন্ধ্যায় সুখময় আসে অরুণিমার কাছে। ধীরে ধীরে বসে অরুর কাছে।

- 'মা রে আগামীকাল তোকে থানায় যেতে হবে যে মা'।

- 'কেনো বাবা আমি তো বলেছি, আমি কাউকে চিনতে পারিনি'।

- 'তবুও থানা আরও কিছু তথ্য চায় যেগুলো তুই-ই বলতে পারবি। ওনারা রিপনের সম্পর্কে কিছু তথ্য পেয়েছে। তাই ওকে লক-আপ করেছে। তোর কাছ থেকে আরও ভালো করে জানতে চায়। তুই আগামীকাল গিয়ে তথ্যগুলো দিয়ে এলে ভালো হয়। না হলে কেসটা কোর্টে উঠতে দেরী হয়ে যাচ্ছে। তবে যদি বলিস্ আমি পুলিশকে বাড়ীতেও আসতে বলতে পারি। তুই না হয় বাড়ী থেকেই সব বলবি'।

এবার অরুণিমা বুঝতে পারে রিপনদার বাবার আসার আসল কারণ। কিন্তু রিপনদার কথা কে জানালো পুলিশকে, যার জন্য তাকে লক-আপ করা হলো ? অরুণিমা ভাবে তার একটা ভুল সিদ্ধান্তের জন্য এতবড়ো দুর্ঘটনা ঘটে গেলো। আর কোনো ভুল সিদ্ধান্ত সে নেবে না। অরুণিমা ভাবে যে, সে নিজেই বিষ ছড়িয়ে ফেলেছে একটা ভুল সিদ্ধান্ত নিয়ে, আর এমন করবে না

সে। সেদিন যদি সে রিপনের দেওয়া চিঠিটা না নিতো বা নিয়েও কুচিয়ে না ফেলতো তণিমার সামনে, তাহলে হয়তো এমনটা ঘটতো না। একটি মেয়েকে কোনো ছেলের পছন্দ হতেই পারে। কিন্তু মেয়েটির যদি ছেলেটিকে পছন্দ না হয় তাহলে অন্যভাবে বলা উচিত, কিন্তু প্রত্যক্ষভাবে তাকে প্রত্যাখান করা উচিত না। এতে ছেলেটিকে মানসিক ভাবে আঘাত করা হয়। এর ফলস্বরূপ ছেলেটির মনে অনেক বিরুদ্ধ প্রতিক্রিয়ার সৃষ্টি হয়। ছেলেটি পাল্টা ভয়ঙ্কর আঘাত করে, বা নিজে আত্মঘাতী হয় অথবা সারাজীবন নিজের প্রতি, নিজের জীবনের প্রতি উদাসীন হয়ে যায়, অথবা জীবনে দাঁড়াতেই পারে না অথবা মেয়েদের প্রতি বিরুদ্ধ মনোভাবের সৃষ্টি হয় অথবা অপরাধ জগতকেই সেই ছেলেটি তার উপযুক্ত জায়গা বলে মনে করে।

পরদিন সকালে অরুণিমা তাড়াতাড়ি প্রস্তুত হয়ে বলে,

- 'বাবা আমরা একবার রিপনদার বাড়ী হয়ে তারপর থানায় যাবো'।

- 'কেনো মা'?

- 'চলোই না বাবা'।

সুখময় আর জোর করে না মেয়েকে। তার কথামতো মেয়েকে নিয়ে যায় মনোজিৎ রায়ের বাড়ী।

মনোজিৎবাবু অত্যন্ত আবেগের সঙ্গে দৌড়ে এলেন।

- 'সময় নেই কাকাবাবু, এখুনি আমাদের সঙ্গে যেতে হবে আপনাকে, তাড়াতাড়ি ফিরতেও হবে। আমি যে বেশীক্ষন বিছানা ছাড়া থাকতে পারবো না কাকাবাবু, কষ্ট হবে।

- 'কোথায় যাবো মা অরুনিমা'?

- 'থানায়; রিপনদাকে আনতে যাবেন না'?

- 'হ্যাঁ হ্যাঁ নিশ্চই মা, নিশ্চই নিশ্চই। চলো চলো'।

অরুণিমা আর ওর বাবাকে নিয়ে মনোজিৎ বাবু থানায় গেলেন। পুলিশের সমস্ত জিজ্ঞাসাবাদে সে সম্পূর্ণভাবে অস্বীকার করে রিপনের নাম। সে কাউকেই চেনে না। রিপনদার সঙ্গে তার কোনো শক্রতা নেই। এটা একটা দুর্ঘটনা মাত্র। এরপর সমস্ত কাগজ পত্রের কাজ সম্পূর্ণ করে রিপনকে নিয়ে মনোজিৎবাবু বাড়ী আসে। অনেক অনুরোধ সত্ত্বেও সুখময় ভট্টাচার্য ওঁদের গাড়িতে ওঠেননি। বললেন,

- 'এই তো রিক্সা নিয়ে চলে যাবো'।

রিপন একবারও মাথা তোলেনি। অরুর দিকে চেয়ে দেখার অধিকার কি তার এখনও আছে? তা না থাক অরু যে সুস্থ আছে এটাই বড় কথা।

সারাদিন সুখময়বাবু চুপ করে ছিলেন। মেয়েকে কিছুই জিজ্ঞাসা করেননি। থানায় ডায়েরী করেছিলেন এই দুর্ঘটনার জন্য। অপরাধীরা ধরাও পড়লো। কিন্তু অরু এটা কি করলো ? সবাইকে ছেড়ে দিলো ? কেন ? ও কি সত্যিই কাউকে চিনতে পারে নি? সন্ধ্যায় মেয়ের কাছে বসলো সুখময়।

- 'মা তোকে একটা কথা জিজ্ঞাসা করব' ?

- 'হ্যাঁ বাবা বলো না'।

নিঝুম সন্ধ্যায় অরুণিমার মা কদিন পর নিশ্চিন্তে টিভি দেখতে বসেছে। সুখময় এই ফাঁকে মেয়ের কাছে আসে কিছু উত্তর জানতে। সে চেয়েছিল ছেলেগুলোর কঠিন থেকে কঠিনতম শাস্তি হোক। কিন্তু অরু এটা কি করলো। কেসটা তুলে নিল। এরপর কোনো দুর্ঘটনা ঘটলে পুলিশ তো নিষ্ক্রিয় হয়ে থাকবে। কতটা বিপজ্জনক হতে পারে, অরু কি বুঝতে পারছে না ? কেন এমন আবেগ প্রবণ হলো ? তবে কি অরু রিপন কে ভালোবাসে ?

- 'বাবা, বলো কি বলবে ? চুপ করে কি ভাবছো বাবা' ?

- 'তুই কি রিপনকে ভালোবাসিস্ মা' ?

- 'তোমার কি তাই মনে হলো বাবা'?

- 'তুই এভাবে কেসটা তুলে নিলি কেন ? সবকিছু অস্বীকার করলি কেন ? জানিস এরপর ওরা কতো বিপজ্জনক হতে পারে' ?

- 'না বাবা তা জানি না। তবে এটুকু জানি আমি যদি কেস না তুলতাম বা ওদের শাস্তি দেওয়ার ব্যবস্থা করতাম তাহলে তা আরও বিপজ্জনক হতো ওদের জন্য, ওদের পরিবারের জন্য, সমগ্র সমাজের জন্য এবং ভবিষ্যতে আরও অনেক মেয়ের জন্য। কারণ ঐ শাস্তি পাবার পর ওরা অনেক বেশী বেপরোয়া হয়ে উঠতো। কারণ ওদের আর হারাবার কিছুই থাকতো না। আর বাবা তুমি তো জানো যাদের কিছুই আর হারাবার থাকে না তারা সবরকম অনিষ্ট করতে পারে, নিজের জন্য বা অপরের জন্য'।

সুখময় খানিক চুপ থাকে। মেয়ে কি ঠিক বলছে' ? ভবিষ্যৎ বলবে সেকথা।

- 'বাবা, আমি এরপর সাইকোলজি নিয়ে পড়াশোনা করতে চাই। এই জন্য এখন থেকেই লাইব্রেরীতে গিয়ে সাইকোলজির বইপত্র পড়ি। তাই কিছুটা জানতে পেরেছি যে, এই শাস্তি দেবার অছিলায় মানুষ শুধু বিষই ছড়াচ্ছে সমাজে। এতে অপরাধ নির্মূল হয় না বাবা, শাখাপ্রশাখা বিস্তার করে মহীরুহে পরিণত হয়। শাস্তির নামে কেবল বিষবৃক্ষই রোপণ করা হয়

বাবা । আর বাবা , এদেশে জেলখানার নাম সংশোধনাগার হলেও সেগুলো কি করে তা তো তুমি ভালো করেই জানো , তাই না ?

সুখময় চুপ থাকে। শুনতে থাকে মেয়ের কথা, তার মেয়ে যে আজকে অনেক বড়ো হয়ে গেছে।

- 'তুই বিশ্রাম নে মা, আমি আসি'।

সুখময় ভাবে, সত্যিই তো মেয়ে তার ঠিক কথাই বললো। শাস্তির নামে প্রশাসন যেন আরও বিষ ছড়িয়ে দেয়। সংশোধনাগারে অপরাধীদের সংশোধনের নামে আরও যন্ত্রনা দেওয়া হয়। যার দ্বারা তারা পাকাপাকি ভাবে অপরাধ জগতকেই তাদের জীবনের শেষ ঠিকানা বলে ধরে নেয়। সমাজে আলো কোথায় ? সকলে শুধু শাস্তিই চায়। হিংসা দিয়ে তো হিংসাকে দমন করা যায় না । জলে ফিটকিরি বা কর্পূর দিলে আপনিই স্বচ্ছতা ফিরে পায়, কিন্তু ঐ একই জল যদি ঘুলিয়ে দেওয়া হয় তাহলে স্বচ্ছ জলও থিতিয়ে যাওয়া কাদামাটি সমেত ব্যবহারের অত্যন্ত অযোগ্য হয়ে যায়। কঠিন শাস্তিকে মানুষ ভয় পায় না, বরং এই শাস্তি তাকে আরও নির্ভীক করে দেয়, তার ভিতরের প্রচ্ছন্ন অপরাধপ্রবণতাকে আরও বাড়িয়ে দেয়। ফলে অপরাধ জগতই তার ঠিকানা হয়। যাঁরা সাধারণ মানুষ, এমনিতেই অপরাধ করতে চান না, সততার সঙ্গে জীবন যাপন করেন, কেবল তাঁরাই শাস্তিকে ভয় পান। এতটা কষ্ট পাবার পরেও তাঁর মেয়ের এই স্থির বুদ্ধি দেখে সুখময় মনে মনে আনন্দিত হলেন।

22

জগদম্বার নতুন আলো

আজ সকালটা জগদম্বা মায়ের মন খুব উদাস হয়ে গেল। ড: নীলিম সেনের পাঠানো টাকায় একটা প্রাথমিক শিক্ষার বিদ্যালয় এবং একটা ছোট স্বাস্থ্যকেন্দ্র, কিছু ঔষধপত্র, একজন শিক্ষাপ্রাপ্ত সেবিকা, দুজন ডাক্তার, কিছু যন্ত্রপাতি এবং প্রাথমিক বিদ্যালয়ের জন্য বইপত্র ইত্যাদির ব্যবস্থা হয়েছে। আশ্রমকন্যাদের মধ্যে যাঁরা প্রাথমিক শিক্ষাদান করতে পারবেন তাঁরাই পড়াবেন। এই স্কুল এবং স্বাস্থ্যকেন্দ্রটি সমাজের দুঃস্থ মানুষের সেবার জন্য। এছাড়াও আশ্রমের মেয়েদের হাতের কাজের সরঞ্জাম, মালপত্র কেনা হয়েছে। টেরাকোটা কাজের জন্য আরও বড়ো ভাটি খোলা হয়েছে । ভাটিতে কাঁচা মাটির জিনিস পত্র পোড়ানো হয়। এই টেরাকোটার জিনিসের দেশে বিদেশে প্রচুর চাহিদা, ঠিকমতো চললে এ দিয়ে মেয়েদের আয়ের সংস্থান হতে পারে। এছাড়া এবারে ডোকরার কাজ, গালার পুতুল তৈরি এই দুটিরও কাজ আরম্ভ হয়েছে। জগদম্বা ভাবে এ সব কিছু ঠিকভাবে চালাতে গেলে অর্থের সরবরাহ এবং আরও অনেক সহযোগী মানুষ চাই। এসব কথা ভাবতে গিয়েই তিনি উদাসীন হয়ে পড়েন। আজ যতটুকু এগিয়েছে আশ্রমের কাজ তা ইশ্বরই করেছেন, বাকিটাও ইশ্বরই করবেন। অলক্ষ্যে তিনি সব ব্যবস্থাই করে রেখেছেন। মানুষ যতটুকু তার বুদ্ধি দিয়ে আকাঙ্ক্ষা করতে পারে সেটাই অনেক বলে ভাবেন। পরমেশ্বর সকলের জন্য সবকিছু পরিপূর্ণ করে রেখেছেন। এইভাবে নিজের মনকে পরমেশ্বরে সমর্পিত করে জগদম্বা স্বস্তির নিঃশ্বাস ফেললেন। বিধাতা পুরুষ অলক্ষ্যে হয়তো তাঁর পরম প্রশান্তির স্মিত হাসি হাসলেন।

পরদিন দুপুরে আশ্রমের গেটে একটি গাড়ি এসে দাঁড়ালো । গাড়ির চালক একটি কার্ড এনে আশ্রমের অফিসের এক আশ্রমকন্যাকে দেয়। আশ্রমকন্যাটি, মা জগদম্বার কাছে গিয়ে কার্ডটি দেখালো । তিনি অনুমতি দিলেন আগন্তুককে আশ্রমে প্রবেশের জন্য । আগন্তুক এলেন। আশ্রমের অফিসে প্রবেশের জন্য তিনি অনুমতি প্রার্থনা করলেন।

- 'দেবী , আমি আপনাকে অগ্রিম খবর দিতে পারিনি এরজন্য আমাকে মার্জনা করবেন'।

- 'না না ড: সেন ঠিক আছে। আপনি বহুপূর্বে চিঠিতে জানিয়ে ছিলেন আসবেন এখানে । আশ্রম কন্যাগণ অতিথি সেবার ব্যবস্থা করো'।

অতিথিকক্ষে আশ্রমকন্যাগণ ড: নীলিম সেনকে আহ্বান জানায়। তিনি সর্বাগ্রে আশ্রমটি দেখার আগ্রহ প্রকাশ করলেন। জগদম্বা এবং কয়েকজন পুরাতন আশ্রমকন্যা , ড: নীলিম সেনকে নিয়ে আশ্রমের পুরোটা ঘুরে দেখাতে থাকে । এভাবে দেখতে দেখতে ওঁরা আশ্রমের পিছনে শিল্পশালাতে চলে আসে। এখানে এতো রকমের শিল্পকর্ম দেখে নীলিম অত্যন্ত উচ্ছসিত হয়ে ওঠেন।

- 'আরিব্বাস এখানে এতো কিছু তৈরি হচ্ছে। কি অপূর্ব শিল্পকর্ম। এটা দিয়েই তো আশ্রমের সমস্ত খরচ নির্বাহ হয়ে যেতে পারে'।

ড: নীলিম সমস্ত রকমের শিল্পকর্মের নমুনা সংগ্রহ করলেন, এর সঙ্গে শিল্পকর্মগুলির কিছু ফটোগ্রাফিও করেন তিনি। তারপর জগদম্বাকে বললেন,
- 'দেবী আমি কিছুদিন এদেশেই থাকবো। কয়েকদিন পর আমি আবার একবার আসবো, যদি অনুমতি দেন'।
স্বল্পবাক্ জগদম্বা বললো,
- 'অবশ্যই আসবেন ড: সেন'।
সময় হাতে কম থাকায় ড: নীলিম সেন সেদিন সেই মুহূর্তে চলে গেলেন আশ্রম থেকে। কিন্তু মন তাঁর পড়ে থাকে এই আশ্রমে। একজন মহিলার কতটা নিষ্ঠা থাকলে এরকম একটা আশ্রম গড়তে পারেন তা নিতান্তই ভাববার বিষয় । এটা আশ্রম না, যেন তপোবন। একজন একা মহিলা তাঁর তপস্যা আর নিষ্ঠা দিয়ে এই আশ্রমকে গড়ে তুলেছেন । আশ্রমকন্যাগণ সকলেই যেন মাতা সীতার মতো। কত নিষ্ঠার সঙ্গে নীরবে, সকল যে যার মতো কাজ করে চলেছে । যা কিছুই এই আশ্রমে হচ্ছে তার সকল সম্মান দেবীরই প্রাপ্য। তিনিই এদেরকে গড়ে পিঠে নিয়েছেন, তাঁর কর্মকুশলতা এবং ভালোবাসা

দিয়ে। এবার নীলিম বুঝে যায় তাঁর কি কর্তব্যে। তখনকার মতো বাড়ী ফিরে আসে নীলিম। এরপর আশ্রম থেকে যে সমস্ত নমুনা সংগ্রহ করেছিলো সেগুলোর ছবি তুলে নিলো, এছাড়া অন্যান্য শিল্পকর্মগুলোর যে সব ছবি তুলেছিলো সেগুলোর pdf বানিয়ে বিদেশে তার জানাশোনা কিছু কিউরেটরের কাছে পাঠিয়ে দিলো।

অনির দিনগুলো কখনো দুঃস্বপ্নের দ্বারা কখনো বা শুভস্বপ্নের দ্বারা পরিচালিত হচ্ছিলো। অনুপিসির সাথে দেখা হলে যখন সে প্রণাম করে, অনুপিসি বলেন, "মানুষ হও, মানুষ হও বাবা"। ইদানিং অনু পিসিকে প্রণাম করলে তিনি কবি শক্তি চট্টোপাধ্যায় এর একটি কবিতার অংশ জুড়ে দিয়ে বলেন,

- "মানুষ বড়ো কাঁদছে, তুমি মানুষ হয়ে মানুষের পাশে এসে দাঁড়াও"।

এটা শোনার সঙ্গে সঙ্গে অনিরুদ্ধ কেমন যেন বাকরুদ্ধ হয়ে যায়। আজ পর্যন্ত কোনো মানুষের জন্যই সে চাইলেও কোনো কিছু করতে পারেনি। অনুপিসির কাছ থেকে ঐ কবিতার অংশ শুনলেই সে কিছু করতে না পারার একটা তীব্র যন্ত্রণা নিজের ভিতরে অনুভব করে। বুঝতে পারে না অনুপিসিকে। সহজ মানবীর আড়ালে অনুপিসি যেন দেবীর মতোই রহস্যে মোড়া। অনি তো মানুষের কল্যাণের জন্য বিশেষভাবে মেয়েদের জাগরণের জন্য কাজ করতে চায়। কিন্তু আরম্ভ করবে কোনখান থেকে? কে পথ দেখাবে তাকে?

প্রায় কুড়িদিন পর ডঃ নীলিম সেন আবার আশ্রমে এলেন। এবার আর তিনি তাঁর চালকের হাতে অনুমতি প্রার্থনার জন্য কার্ড পাঠালেন না। সরাসরি এলেন তাঁর দেবীর দ্বারে। এখান থেকে তিনি অনুমতি চাইলেন অফিসে ঢোকার জন্য। এরপর একটা অর্ডার লিস্ট এবং একটা চেক সামনে রাখলেন তাঁর দেবীর সম্মুখে। জগদম্বা দেখলো প্রায় ৫০ লাখ টাকার চেক।

- 'দেখুন দেবী আপনার শিল্পকর্মের নমুনা বিদেশী কিউরেটর দের কাছে পাঠানো হয়েছিলো। সেখান থেকে এই অর্ডার লিস্ট এবং কাজের অগ্রিম টাকা এসেছে। কাজগুলো পাঠানোর আগে মোট দাম কত হচ্ছে হিসাব পাঠালে পুরো টাকা আশ্রমের ব্যাঙ্ক অ্যাকাউন্টে এসে যাবে এবং তারপর কাজগুলো পাঠিয়ে দিতে হবে। আজকালের মধ্যে এসব প্রস্তুত করে ফেলতে হবে। প্যাকিং করে হিসেবপত্র কষে পাঠিয়ে দিলেই হবে।

প্রথমবারের মতো আমি আশ্রমকন্যাদের সঙ্গে বসে সমস্ত ব্যবস্থা করে ফেলবো। এরপর থেকে আপনিই পারবেন সমস্ত কিছু'।

জগদম্বা কৃতজ্ঞতায় পূর্ণ হলো ড. সেনের প্রতি। আনন্দে তার চোখের কোণে জল আসে। অত্যন্ত সংযমী জগদম্বা নিজের আন্তরিক কোমলতা গোপন করে নিলো তৎক্ষণাৎ। এসব ব্যক্তিগত অনুভূতি সে কাউকে দেখতে দেয় না।
ড: সেন বললেন,

- 'এটা প্রারম্ভ, এরপর আরও অনেক জায়গা থেকেই আপনাদের কাছে অর্ডার আসবে। তাই আরও অনেক মানুষকে আপনাদের কাজে লাগাতে হবে। কাজের জন্য, অনেক মহিলার দরকার'।

মনে মনে জগদম্বা এটাই তো চেয়েছিলো। আরও অনেক মেয়েদের জন্য সুব্যবস্থা, আরও অনেক মেয়েদের জন্য কর্মের সংস্থান। আরও অনেক দুঃস্থ মানুষের সেবা, আরও অনেক দরিদ্র শিশুর পড়াশোনা। পরমেশ্বরের এ কৃপা যে অকল্পনীয়।

কল্পনার আরও বাকী ছিলো তাঁর, এরপর নীলিম সেন আরও বললেন,

- 'দেবী, এটাতো আপনার আশ্রম কন্যাদের জন্য মোটামুটি একটা কর্মসংস্থান হলো। এবার আমাকে একটা অনুমতি দিতে হবে'।

- 'বলুন ড: সেন। অনুমতি কেন বলছেন। নির্দ্বিধায় আপনি বলতে পারেন'।

- 'দেবী, আপনি হয়তো জানেন, আমি একা মানুষ। কিছু জায়গায় আমি সেবার জন্য কিছু খরচ করি। আমার নিজস্ব খরচ সেরকম কিছু না। তাই আমি আমার রোজগারের বাকি অংশ এই আশ্রমকে দিয়ে যেতে চাই আমার জীবনের অন্তিম সময় পর্যন্ত। দেবী, আপনি আমাকে এই সেবার অনুমতি দেবেন তো ? আমি আপনাকে বিরক্ত করবো না। কেবল নির্দিষ্ট সময়ে আশ্রমের খাতায় সে টাকা জমা হয়ে যাবে। বলুন আপনি আমাকে সেবার অনুমতি দিলেন তো ? বলুন দেবী' ?

জগদম্বা এক মূহর্তের জন্য স্থবির হয়ে যায়। ঈশ্বরের অপার করুণা অন্তরে অন্তরে আরও একবার অনুভব করে। সে যা কিছু প্রার্থনা করেছে, ঈশ্বর সব কিছুই পূর্ণ করছেন ধীরে ধীরে। আজ এতদিন যে জগদম্বা স্থির অবিচল থেকেছে, কোনোও পুরুষকে সে কখনও আশ্রয় বলে ভাবেনি।

ভাববার মতো মানসিকতাও তার তৈরি হয়নি কখনও। ঠাকুমা তাকে যে জগতের মাতা, দরিদ্র, অসহায় মানুষের আশ্রয় হতে বলেছেন। সেই লক্ষ্যপূরণের জন্য আশৈশব সে ছুটেছে। এর বাইরে কোনো কোমল, দুর্বল জগৎ আছে সে বোঝেনি। কিন্তু আজ যেন তার সমগ্র সত্তা কোমল হলো, আলোড়িত হলো। নিশ্চুপ হয়ে গেলো সে। ডঃনীলিম সেন ধীরে ধীরে এগিয়ে যায় আশ্রমের দ্বারে। হঠাৎ জগদম্বা বলে,

- 'এই আশ্রমের দ্বার আপনার সেবা গ্রহণের জন্য উন্মুক্ত থাকবে চিরকাল, ডঃ সেন'।

নীলিম পিছনে তাকায়। জগদম্বাকে বলে,

- 'দেবী ধন্য আমি, ধন্য হলাম'।

এর কয়েকদিন পর আশ্রমের ব্যাঙ্ক অ্যাকাউন্টে সমস্ত টাকা চলে আসে এবং আশ্রম থেকেও সমস্ত শিল্পকর্ম পাঠিয়ে দেওয়া হয়। এরপর আসে আরও অনেক শিল্পকর্মের অর্ডার। জগদম্বার এখন অনেক মেয়েকে দরকার। নাহলে এত শিল্পকর্ম তৈরির কাজ কিভাবে হবে? দু-তিনদিনের কর্মশালার মাধ্যমে বাইরের মেয়েদের কাজগুলো ধীরে ধীরে শিখিয়ে নেওয়া হবে। তারা তাদের অবসর সময়ে এসে আশ্রমে এইসব কাজ করে দিয়ে যাবে। বিনিময়ে আশ্রম তাদের যথাযথ পারিশ্রমিক এবং কাজ চলাকালীন তাদের প্রয়োজনীয় জলখাবারও দেবে। এসব নিয়েই ভাবতে থাকে জগদম্বা। কোথায় কিভাবে পাবে এতগুলো মেয়ে? ভাবতে ভাবতে উপায়ও খুঁজে পায় সে। আজ জগদম্বা একবার নিজের বাড়ীর দিকে যায়। পথে রাতুলকে দেখতে পেলো। রাতুলের সাথে কথা বলে নিশ্চিন্ত হলো। অনির জন্য কিছুক্ষণ অপেক্ষা করলেও অনির সঙ্গে দেখা হলো না। তাই রাতুলকেই বলে দিলো অনিকে বলার জন্য। এরপর সে দ্রুত পায়ে চলে যায়। আরও অনেককে খবর দিতে হবে। এই প্রথম আশ্রমের বাইরের ছেলেমেয়েদের নিয়ে কর্মশালা হবে। যদিও কাজ শিখবে মেয়েরাই। কিন্তু অন্যান্য সহযোগী হিসাবে ছেলেদেরও প্রয়োজন। যারা আশ্রমের বাইরে থেকে আশ্রমকে সহযোগিতা করবে। প্রয়োজনে যারা স্বেচ্ছাসেবক হিসাবে আশ্রমে আসতেও পারবে। জগদম্বা চায় এটা একটা কর্মশালা এবং সেমিনার হবে। যেখানে ছেলেমেয়ে উভয়েই তাদের কর্তব্য

সমন্ধে পরিচিত হবে। স্বেচ্ছাসেবকদের কিছু পারিশ্রমিকও দেওয়া হবে। দেওয়া হবে আনুষঙ্গিক কিছু সুবিধাও। ভবিষ্যতে যদি এই কাজের পরিমাণ বাড়তে থাকে তাহলে নতুন করে ভাবনা হবে, নতুন পদক্ষেপ সম্পর্কে।

রাতুল আজ সকালে কলেজে যাবার পথে দিদিকে বলে,

• 'দিদি তোকে অনেকদিন আগে বলেছিলাম একটা খুব সুন্দর জায়গায় নিয়ে যাবো। বিভিন্ন কাজের চাপে তোকে আর নিয়ে যেতে পারিনি রে। এবার তোকে সত্যিই নিয়ে যাব। আজ মঙ্গলবার, এই রবিবারের পরের রবিবার নিয়ে যাবো সেখানে'।

শ্রীমা আনন্দে বলে,

– 'ঠিক বলছিস তো'? দেখিস আবার যেনো ভুলে যাস না'।

– 'নারে দিদি এবার ভুলে যাবার উপায় নেই। হয়তো ওখানে তিনদিন থাকতে হতে পারে তোকে। কিরে থাকবি তো'?

– 'একা থাকবো? তাহলে বাড়ীতে কী হবে? তুই একা সব কাজ করবি কী করে?

– 'দূর অতো ভাবিস নাতো। সব ঠিক হয়ে যাবে। আগে আগে এতো ভাবতে নেই। চল্‌ এখনকার মতো কলেজে চল্‌।

অনি এখন M.Sc ফার্স্ট ইয়ারে ভর্তি হয়েছে। কয়েকদিন পর ক্লাস আরম্ভ হবে। রোজ তাকে সকালে উঠেই বিশ্ববিদ্যালয়ে ছুটতে হবে। তাই চাইলেই রোজ রোজ আর বাজার দোকান করতে পারবে না। তাই মায়ের সুবিধার জন্য জরুরী কিছু মালপত্র কিনে রাখতে হবে, এই ভেবে বাজারে গেলো। মালপত্র বাজার করে ফেরার পথে অনি, রাতুল আর শ্রীমাদিকে দেখতে পেলো। অনি সামান্য হাসি দিয়ে বাড়ীর পথে এগোচ্ছিলো। যেহেতু রাতুল আর শ্রীমাদি বাস ধরবে তাই রাস্তায় কথা বলে ওদের দেরী না করিয়ে দেওয়াই ভালো। কিন্তু রাতুল পিছন ফিরে বললো,

• 'অনিদা দাঁড়াও দাঁড়াও, কথা আছে'।

অনি দাঁড়ায়। রাতুল পিছিয়ে এসে বলে,

• 'অনিদা, এই রবিবারের পরের রবিবার ফাঁকা রেখো । মানে কোনো কাজ রেখোনা, অন্য কাজ আছে। জরুরী কিন্তু, ভুলো না যেনো। পরে কথা হবে। আসি এখন। এখুনি বাস এসে পড়বে'।

আগে হলে অনি রাতুলের কথায় ভরসা করতো না । কিন্তু এখনকার রাতুল দায়িত্ববান। নিজে টিউশনি করে, বাড়ীর কাজে সাহায্য করে, দিদিকে আবার কলেজে পড়াচ্ছে। নতুন জীবন দিয়েছে দিদিকে। এ রাতুলকে চোখ বন্ধ করে ভরসা করা যায়। ওর কথা রাখতেই হবে। অনি বাড়ী ফিরে তাই ডায়েরীতে লিখে রাখলো রবিবারের কাজের কথা। বাকী কথা রাতুলের কাছ থেকে জেনে নেবে। এখনও তো কটা দিন সময় আছে।

এরপর কটা দিন সকলেরই ব্যস্ততায় কেটে যায় । আগামীকালই আশ্রমে কর্মশালা ও সেমিনারের প্রথম দিন। আজ শনিবার। দুপুরে রাতুল অনিকে নিয়ে আশ্রমে পৌঁছালো। আয়োজনে সাহায্য করার জন্য। অনুপিসি রাতুলের উপর অনেক কিছু ভার দিয়েছেন। এছাড়া আগামীকাল সমস্ত অংশগ্রহণকারীদের রাতুলই ব্যবস্থা করে ঠিকমতো বসাবে, তাদের দেখভাল করবে। আজ অনিকে রাতুলের সাথে দেখে অনুপিসি তথা জগদম্বা মা অত্যন্ত খুশি হলেন। বেশিরভাগ আয়োজন ও ব্যবস্থা ডঃ নীলিম অনেক লোকজন নিয়ে এসে করে দিয়ে গেছেন। তাঁর ফ্লাইটের টিকিট কাটা ছিলো তাই তিনি আগামীকাল থাকতে পারবেন না । ইতিমধ্যেই তিনি বিদেশে পৌঁছে গেছেন গত পরশু। আবার সময়মতো আসবেন বলে গেছেন। রাতুল, অনি অন্যান্যদের সঙ্গে কাজে লেগে পড়ে। ওরা রাতে ফিরে যাবে। আবার আগামীকাল কাকভোরে পৌঁছে যাবে শ্রীমাকে নিয়ে। টোটো রিকশা বলে রেখেছে। অনি এই আশ্রমে প্রথম এলো। রাতুল আগে একবার এসেছিলো। অনি ভাবতেই পারেনি অনুপিসি একজন আশ্রমমাতা। তিনি এতো বড়ো একটা কর্মযজ্ঞের হোত্রী। অনেক কাজ থাকার কারণে পুরো আশ্রম দেখার সময় হলো না। অনেক রাতে বাড়ী ফিরে অনি রাতের খাবার ফ্রীজে তুলে রাখলো অনুপিসি তাদের সকলকে রাতের খাবার খাইয়ে তবে ছেড়েছেন। অনি দাঁত ব্রাশ করে, মোবাইলে এলার্ম দিয়ে শুয়ে পড়লো। পরদিন কাকভোরে স্নান সেরে রাতুল, অনি আর শ্রীমা আশ্রমের উদ্দেশ্যে বেরিয়ে গেলো। অত্যন্ত সকাল চারিদিকে মাইকে তখন আজান দিচ্ছে। সকালের ঠান্ডা হাওয়ায় অদ্ভুত পবিত্রতার অনুভূতি হচ্ছিলো ওদের তিনজনেরই ভিতরে। আশ্রমের গেটে পৌঁছে, ওদের পুলক আরো বাড়লো, মৃদুস্বরে ভৈরবীরাগের সানাই

বাজছে। ভিতরে প্রবেশ করে অনি, রাতুল ও শ্রীমা অবাক হয়ে গেলো। এলাহি আয়োজন হয়েছে আশ্রমে। যাতে কারোও কোনো অসুবিধা না হয় তাই চা, কফি, সকালের জলখাবার কচুরি, আলুর দম, জিলিপি, দুপুরে অনেক রকম নিরামিষ ব্যঞ্জন সহ ভাত এবং শেষ পাতের জন্য দই, মিষ্টি, বিকেলের জন্য স্ন্যাকস্ ও চা ,কফি, রাতের জন্য আবার ভাত ও নিরামিষ ব্যঞ্জন। এরকম ব্যবস্থা তিনদিনের জন্যই হয়েছে। তবে ওদের অবাক হবার আরও বাকী ছিলো। যখন দিনের আলো ফুটলো, সূর্যের প্রথম কিরণের সঙ্গে সঙ্গে একে একে আরম্ভ হলো অংশগ্রহণকারীদের প্রবেশ। অনি রাতুলরাই তাদের নিয়ে এসে যথাস্থানে বসালো। সকলেই তাদের পরিচিত। তাদের গ্রামের এবং পাশের গ্রামের বিবাহিত ও অবিবাহিত মেয়েরা, এবং অনি ও রাতুল দেখলো তাদের বিবাহিত দিদিরাও এসেছে সঙ্গে জামাইবাবুও আছেন অর্থাৎ রাতুলের বড়দি ও অনির বড়দি ও অংশগ্রহণকারী এভাবেই অত্যন্ত আনন্দের সঙ্গে তিনটে দিন কাটলো। মেয়েরা সবাই আশ্রমেই থেকে গিয়েছিল তিনদিনের জন্য, ছেলেরা সকলেই বাড়ী ফিরে আসতো। বিবাহিত মেয়েদের স্বামীরা প্রথম দিনই চলে গিয়েছিল আবার তৃতীয় দিন দুপুরে মধ্যাহ্নভোজের আগে এসেছিলো। আজ বিশেষ সেমিনার আছে। সেমিনারে জগদম্বা মাতা গ্রুপ করে সকলের মধ্যে দায়িত্ব ভাগ করে দিলেন। বিভিন্ন রকমের শিল্পকর্ম সাজিয়ে রাখা হয়েছে। যেগুলি এই কর্মশালায় তৈরী হয়েছে। যাদের কাজ অত্যন্ত ভালো হয়েছে তারা সরাসরি আশ্রমের শিল্পকর্ম তৈরীতে যুক্ত হবে। যারা সেভাবে ভালো করতে পারেনি তারাও আনুষঙ্গিক কাজ যেমন কাজ গুছানো, প্যাকেজিং , শিল্পকর্ম তৈরির পূর্ব প্রস্তুতি, প্রধান শিল্পীদের সাহায্য করা অর্থাৎ শিল্পীদের কাছাকাছি থাকতে পারবে এবং শিখতেও পারবে। পরবর্তী কার্যশালায় নতুনদের সঙ্গেও আবার শিখতে পারবে। সকলেই এই কাজের জন্য সামান্য কিছু সেবামূল্য পাবে। পরবর্তীকালে যেটার পরিমাণ আরও ভালো হবে। ছেলেরা এসব শিল্পকর্ম তৈরির জন্য কাঁচামাল যোগাড়ের দায়িত্ব নেবে । এছাড়া সময়ে সময়ে আশ্রমের যেকোন কার্যক্ষেত্রে যেভাবে প্রয়োজন হবে সেভাবে আশ্রম তাদের ডেকে নেবে। সকলে তাঁদের মোবাইল নাম্বার এবং নাম ঠিকানা আশ্রমের ডায়েরিতে লিখে দিয়ে যাবেন। অন্তিম পর্যায়ে সংকল্প, কৃতজ্ঞতা জ্ঞাপন, সমবেত রাষ্ট্রগান সহযোগে শেষ হল।

অনি দিদি জামাইবাবুকে নিয়ে এবং রাতুল ও তার দিদি জামাইবাবু ও শ্রীমাকে নিয়ে বাড়ী ফিরলো। বিবাহিতা মেয়েরা তাঁদের সংসার সামলে সপ্তাহে দু-তিনদিন আশ্রমে এসে কাজ করে যাবে। আশ্রম তাঁদের তৈরি কাজের

হিসাব রাখবে। অনেক মেয়ে ওখানে আবাসিক থাকলো, যাদের কাজ অত্যন্ত ভালো এবং যাদের আবাসিক থাকতে অসুবিধা নেই। পরদিন অনি ও রাতুলের দিদিরা নিজেদের শ্বশুরবাড়ি চলে গেলো। যেহেতু তারা নতুন কর্মের সাথে যুক্ত হয়েছে তাই নিজের সংসার সামলে যতটা আশ্রমকে সেবা দেওয়া যায় ,ততই মঙ্গল তাদের।

কদিন দৌড়াদৌড়ি ও কাজের চাপে অনি রাতুলদের বিশ্রাম কম হচ্ছিলো। রোজই কাকভোরে বেরোতে হচ্ছিলো। অনুপিসি ওদের ওপর অনেক দায়িত্ব দিয়ে রেখেছিলেন। অনি আজ নিশ্চিন্তে ঘুমালো। আজ অনেকদিন যাবৎ যে আদর্শকে খুঁজেছে সেই আদর্শ তার চোখের সামনেই ছিলো। সে দেখতে পায়নি। তার শ্রদ্ধেয় অনুপিসিই হলেন সেই আদর্শ। অনি মেয়েদের উন্নতি, প্রতিষ্ঠা, শিক্ষা, আত্মোন্নতিমূলক শিক্ষা ও মেয়েদের চিরাচরিত চিন্তন মননের জায়গাটার পরিবর্তন চেয়েছিলো কিন্তু পথ খুঁজে পাচ্ছিলো না। কোথা থেকে শুরু করবে সে ? কে তাকে পথ দেখাবে ? কত হতাশায় নিরাশায় ভুগেছে। কত বিনিদ্র রজনী যাপন করেছে। দিনের পর দিন দুঃস্বপ্ন দেখেছে। সংসারের জটিল আবর্তে জড়ানো বড়দি কিভাবে একটু মুক্ত বাতাস পাবে, এই নিয়ে কত চিন্তা করেছে সে। আর আজ তার সকল অব্যক্ত চিন্তা দূর হয়েছে। জামাইবাবু তো বলেই দিয়েছেন, "মিতা প্রাণ ঢেলে সেবা দাও আশ্রমকে, অনুপিসিমণি মানবী নন, উনি দেবী, ওনাকে সেবা দিলে তোমাদের পরম কল্যাণ হবে"।

তাছাড়া অনি দেখলো এই এলাকার সকল মেয়েরই নানারকম কাজের প্রয়োজন ছিল। এখন সেসব আশ্রম থেকেই পূর্ণ হয়ে যাবে। আজ অনি খুব শান্তি অনুভব করছে। আর কয়েকদিন পর MSc এর ক্লাস আরম্ভ হয়ে যাবে। রোজই ভোরবেলা তাকে বেরোতে হবে বিশ্ববিদ্যালয়ে ঠিক সময়মতো পৌঁছাতে গেলে। হোস্টেলে থাকলে ভালো হতো কিন্তু মা বাবা সর্বোপরি চিংকীকে ফেলে অতদূরে সে থাকতে পারবে না। চিংকীকে নিয়েই যে তার বড্ড আতঙ্ক হয়। যদিও চিংকী কারাটে ও লাঠিখেলায় ভালোই উন্নতি করেছে। কয়েকটা প্রতিযোগিতায় গিয়ে ভালো পারফর্মও করেছে। পুরস্কারও পেয়েছে। তবে বাস্তবে কতটা করতে পারবে, কে জানে ?

আগামীকাল থেকে অনির বিশ্ববিদ্যালয়ের ক্লাস আরম্ভ। আজ থেকেই সব প্রয়োজনীয় জিনিসপত্র গুছিয়ে রেখেছে। সকালে সামান্য কিছু জলখাবার খেয়ে, কিছুটা নিয়ে বেরোবে। দুপুরে বিশ্ববিদ্যালয়ের ক্যান্টিনে খেয়ে নেবে। ভালো রেজাল্ট করার জন্য সে কিছু টাকা প্রতিমাসে ছাত্রবৃত্তি হিসাবে পাবে। মোটামুটিভাবে চলে যাবে খরচ।

অনির বিশ্ববিদ্যালয় থেকে ফিরতে রোজই সন্ধ্যার পর হয়ে যাচ্ছে। তবে ধীরে ধীরে অভ্যাসও হয়ে যাবে। তখন আর এতোটা কষ্ট হবেনা। অনি এখন প্রত্যেক রবিবার আশ্রমে যায়। রাতুল সপ্তাহে দুদিন যেতে পারে। শ্রীমাকে পৌঁছে দেয় আবার নিয়ে আসে। সকলে বেশ ব্যস্ত হয়ে পড়েছে। এটাই তো লড়াইয়ের মোক্ষম সময়। এখন থেকে লড়াই করলে প্রতিষ্ঠা আপনি এসে ধরা দেবে।

ব্যস্ততা এতো বেড়েছে যে অনি এখন চিংকীর সাথে সামান্য খুনসুটিও করতে পায় না। অনি যখন বিশ্ববিদ্যালয়ে বেরোয়, তখন চিংকী ঘুম থেকে উঠে পড়তে যায়। যখন ফেরে তখনও চিংকী হয়তো টিউশন পড়ে বাড়ী ফিরছে অথবা বাড়ীতে পড়তে বসেছে। তাই ঠিকমতো কথাও হয় না আর দুই ভাই বোনের মধ্যে। মায়ানদাকে বলে রেখেছে অনি,

- 'প্লীজ চিংকীর দিকে বিশেষ দৃষ্টি দিও মায়ানদা। ওর কারাটে বা লাঠিখেলায় যেনো কোনো ফাঁকি না থাকে। তোমার উপর আমি সম্পূর্ণভাবে ভরসা করি'।

মায়ান হলো চিংকীর কারাটের শিক্ষক। এছাড়া মায়ান মাঝে মাঝে অন্যান্য শিক্ষকদেরও নিয়ে আসে। কারাটে চর্চা খুব ভালোই চলে। আজ রবিবার চিংকী বাড়ীতেই থাকে। অনি দুপুরের পর আশ্রমে যাবে। এখন সকাল আটটা, বাড়ীতেই আছে। অনেকদিন পর দু ভাইবোনের জন্য ওদের পছন্দের ডিমটোস্ট মা বানিয়ে দিয়েছে। অনি চিংকীকে বললো,

- 'তুই যা চা নিয়ে আয়। এখন থেকে একটু করে চা করা শেখ। যা চা-কর'।

চিংকী রেগে গেলো,

- 'আমি কি তোর চাকর নাকি রে দাভাই'?

- 'না, এখনও পর্যন্ত না, তবে চা করলেই চা-কর হবি। চা করে যে সেই চা-কর হয়'।

- 'তাহলে তুই চা-কর দাভাই'।

দুই ভাইবোনের খুনসুটি শুনে শ্রীলা বুঝতে পারে আজকে চা হওয়া খুবই মুশকিল। দুজনের কেউই আজকে চাকর হতে চাইবে না, কিন্তু চা দুজনেরই চাই। অবশেষে শ্রীলা বলে,

- 'যাক গে তোদের কারোও চা-কর হয়ে কাজ নেই, আমিই তোদের চাকর। আপনারা গিলে উদ্ধার করুন'।

দুজনেই খিলখিল করে হেসে ওঠে। এবার চিংকী বলে,

- 'জানিস দাভাই পেলু, সিন্টা, গেমদা, নোলো, ললিপপ এরা একদিন খাবে আমার হাতে'।

- কেন রে ? পূর্বে আমি যে তোকে ওদের জন্য পিটিয়ে ছিলাম তার শোধ নিবি নাকি ? এতদিন পরে মনে হোলো, পেটাতে হবে? তুই তো দেখছি গঙারকেও হার মানিয়ে দিলি। গঙারকে সুড়সুড়ি দিলে তিনদিন পরে টের পেয়ে, খিলখিলিয়ে হাসে। আর তুই ? প্রায় বছর ঘুরতে গেলো ওদের কে প্রশ্রয় দেবার জন্য আমি তোকে পিটিয়ে ছিলাম। স্বীকার করলি তাহলে, যে তুই গঙারেরও অধম'।

একথা বলেই অনি জোরে হেসে উঠলো, অনেক দিন পর। চিংকী অত্যন্ত গাম্ভীর্য নিয়ে বললো,

- 'না রে দাভাই হাসির কথা না, রাগ জমতে দিতে হয়। তাই এখন আমি রাগ জমাচ্ছি। দেখিস্ না বাগে পেলে ওদের সবকটাকে আমি জরাসন্ধের মতো চিড়ে দেবো'।

অনি অবাক হয়ে জিজ্ঞেস করে,

- 'কি জন্য' ?

- 'স্কুল যেতে ঐ মাচায় বসে থাকে আর স্কুলে যাবার পথে, আসার পথে মেয়েদেরকে টিটকারী করে। কখনও বা পিছন পিছন গান করতে করতে যাবে। কলেজ কামাই করে ওরা ঐ মাচায় বসে থাকে। ওরা নাকি সপ্তাহে দুদিন কলেজ যায়, বাকি দিনগুলো মাচাতেই আড্ডা দিয়ে সময় কাটায়।

- 'ওসব ছাড়, ভালো করে পড়াশোনা কর। তুই ওদের দিকে খেয়াল দিবিনা, ওদের কথায় কান দিবিনা, যা পারে করুক ওরা'।

- 'কিন্তু দাভাই, তুই-ই তো একদিন কত ঠ্যাঙালি, ওদেরকে কিছু বলিনি বলে'।

- 'ওরা তোদের পিছন পিছন আসছিলো, আর তোরা সেসময় কোনো প্রতিবাদ না করে চুপ ছিলি তাই। অন্যায় সহ্য করতে নেই। এভাবেই ওরা প্রশ্রয় পেয়ে গেছে'।

- 'হুম্, আর তো প্রশ্রয় নয় ই। বাছাধনদের সময় হয়েছে জরাসন্ধ হবার'।

- 'না না কাউকে জরাসন্ধ বানিয়ে কাজ নেই তোর পড়াশোনা কর মন দিয়ে'।

মুখে একথা বললেও অনি মনে মনে আনন্দিত হলো । যাক চিংকী এখন মানসিকভাবে শক্ত হয়েছে। অনি খাওয়া সেরে নিজের কাজে যায়। চিংকীও উঠে পড়তে বসে। সারা সপ্তাহের জমে থাকা জামা প্যান্ট কেচে নেয়। তারপর মাকে খানিক সাহায্য করে রান্নার কাজে। তারপর খাওয়া সেরে যথা সময়ে বেরিয়ে যায়। আজ আশ্রমে অনির দিদি আসেনি। রবিবার জামাইবাবুর ছুটি বাড়ীতে থাকবেন। তাই হয়তো দিদি আসতে পারে না রবিবার। অনি, অনুপিসিমণির কাছ থেকে পরবর্তী কাজকর্ম বুঝে নেয়। অনুপিসি বলেন, ননীগোপাল বাবা, তুমি এখন কেবল এই আশ্রমকে ছুঁয়ে থাকো । পড়াশোনার চাপ হালকা হলে তখন অনেক সেবা করবে। এখন পড়াশোনা ঠিকমতো করো। আমি চাই তুমি M.Sc এর পর Ph.D করো। এটা আমার একান্ত ইচ্ছা'।

অনি অনুপিসিমণিকে প্রণাম করে আশীর্বাদ নেয়। শ্রীমা আজ আশ্রমে আছে। তাই রাতুল ওকে নিতে এলো। ওরা তিনজনে একসাথে বাড়ী ফিরলো।

সকলেরই খুব ব্যস্ততার মধ্য দিয়ে দিন কাটছিল। কুলুকুলু ধ্বনিতে অতীব ব্যস্ত হয়ে নদী বয়ে যায়, ক্রমশ ঢালু পথে। নদী জানেনা কোথায় যাচ্ছে, কেন যাচ্ছে, কে তাকে নিয়ে যাচ্ছে । শুধু যেতে হয় তাই যায়। এইভাবে চলতে চলতে সমুদ্রে পৌঁছায়। পূর্ণতা প্রাপ্ত হয়, তার যাত্রা শেষ হয়। পূর্ণতার পরে আর কোনো যাত্রা নেই। আমরা মানুষেরা শুধু চিন্তা করি, আশঙ্কা করি, আতঙ্কিত হই, সফলতায় গর্বিত হই, বিফলতায় বিষণ্ণ হই। সুখ দুঃখ হাসি কান্না লেগেই থাকে মানুষের জীবনে। এগুলো মানুষের পূর্ণ হওয়ারই প্রাকৃতিক ক্রিয়া , বিকাশের এককটি সোপান ।এই সোপানগুলি পেরিয়েই মানুষ পূর্ণতায় পৌঁছায়। মানুষ ভাবে সে নিজেই করছে, নিজেই ব্যর্থ হচ্ছে, সফল হচ্ছে। তাই সে দুঃখ পাচ্ছে আনন্দ পাচ্ছে । ভগবান তাকে ভাববার শক্তি দিয়েছেন তাই সেই ভাবনা দিয়ে ভাবে "আমি"। আমি ব্যর্থ, আমি সফল, আমি সুখী, আমি দুঃখী। ঈশ্বর যদি ভাববার শক্তি না দিতেন মানুষকে তাহলে তারাও নদীর মতোই হতো । চড়াই উৎরাই পেরিয়ে সে পূর্ণতার দিকেই, পূর্ণতাকে পাবার জন্যই ছুটছে। সব গন্তব্যের শেষে সেই পূর্ণতাই আছে। এভাবেই সমগ্র সৃষ্টি পূর্ণতার দিকে চলেছে। সবকিছু পূর্ণতার দিকে চলতে বাধ্য, যেহেতু পূর্ণতা থেকেই সব কিছুর উৎপত্তি পূর্ণতাতেই বিলয় হয় ।

23

স্বপ্নের শুরু

সেদিন সন্ধ্যায় অনি বিশ্ববিদ্যালয় থেকে ফেরার সময় বাস স্টপেজে নেমে হাঁটতে হাঁটতে বাড়ির দিকে আসছিলো। আসার সময় দেখতে পেলো, চিংকীর সাইকেল রাস্তায় পড়ে আছে। অনির মন আতঙ্কে আতঙ্কিত হলো। চিংকী কোথায়? ওর বান্ধবী এ সময় থাকে ওর সাথে, সে-ই বা কোথায়? অনি কিছুটা নার্ভাস হয়ে যায়। মনে মনে কেঁপে ওঠে। আর একটু এগোতেই টিপঢাপ করে প্রচন্ড মারপিটের আওয়াজ কানে আসে। এরপর শালিনীর সাইকেল রাস্তায় শোয়ানো দেখতে পায়। এবার অনি রাস্তার আলো আঁধারীতে দেখতে পায় চিংকী মাটি থেকে লাফিয়ে শূন্যে দু'পা দিয়ে লাথি মারছে পেলুকে, এরপর শালিনী দৌড়ে এসে গেমদাকে দুমাদুম ঘুষি মারে। সিন্টা,নোলো মাটিতে শুয়ে পড়ার মতো অবস্থা, চিংকী তাও পিটিয়ে যাচ্ছে ওদেরকে। অনি এবার সামনে আসে। মাঠে নেমে ওদেরকে ছাড়িয়ে নেয়। এরপর পেটালে থানা পুলিশ হতে পারে। অনি জোর করে ছাড়িয়ে নেয় চিংকী ও শালিনীকে। দুই হাতে জড়িয়ে দুজনকে রাস্তার উপরে নিয়ে আসে। অনির বোতলে জল ছিলো, দুজনকে খেতে দেয়। অনি ওদেরকে দাঁড় করিয়ে রেখে দুজনের সাইকেল দুহাতে করে টেনে নিয়ে আসে। চিংকী, শালিনী ওদের সাইকেল নেয়। অনির সাথে পাশে পাশে হেঁটে আসে। শালিনীও আসে চিংকীদের বাড়ী। সামান্য একটু ছিঁড়ে কেটে গেছে। অনি দুজনের কাটা জায়গা পরিস্কার করে ওষুধ লাগিয়ে দেয়। দুজনকে একটু করে আর্নিকা খাইয়ে দেয়। শালিনীর বাড়ী পাশের পাড়ায়। সে বাড়ি চলে যায়।

সেদিন রাতে অনি তাড়াতাড়ি ঘুমিয়ে পড়ে, নিশ্চিন্ত ঘুম। চিংকী পিটছে, জোর পিটছে পেলুর দু'পা ধরে একটা হ্যাঁচকা টান দিয়ে দুদিকে চিড়ে দিলো, পেলু এখন জরাসন্ধ। দুদিকে ভাগ হয়ে গেলো, পেলুর শরীরটা। অনি দৌড়ে গেল, পেলুর শরীরটা তাড়াতাড়ি জুড়ে দিতে হবে, নাহলে কেউ দেখে ফেলবে। থানা পুলিশ হলে চিংকী কে ধরে নিয়ে যাবে থানায়। অনি দৌড়ে গিয়ে পেলুর দেহ দুটো জুড়তে যায়। ঘুম ভেঙ্গে যায়। উঠে জল খায়। তারপর আবার নিশ্চিন্ত হয়ে ঘুমিয়ে পড়ে।

অনি সকালে উঠে চা খেতে খেতে মাকে বললো,

- 'মা আমি সামনের সপ্তাহ থেকে হোস্টেলে থাকবো। পড়াশোনার বড্ড ক্ষতি হচ্ছে মা। সময় পাচ্ছিনা ঠিকমতো পড়াশোনা করার। যাতায়াতেই সমস্ত সময় চলে যাচ্ছে'।

অনি জানে ভালো করে পড়লে তবেই P.hD তে সুযোগ পাবে। M.Sc তে ভালো রেজাল্ট করতেই হবে।

শ্রীলা বললো,

- 'বেশ তো, তোর যাতে সুবিধা হবে তাই করবি'।

এরপর কটা দিন কাটিয়ে,সামনে রবিবার অনি চিংকীকে নিয়ে অনুপিসির কাছে গেলো।

- 'পিসিমণি, অনিতা মানে চিংকী (স্কুলের নাম) প্রত্যেক রবিবার এখানে ছোটদের কারাটে আর লাঠিখেলা শেখাবে। তুমি অনুমতি দেবে পিসিমণি?

- 'নিশ্চই শেখাবে। তবে ও কিছু নমুনা দেখাক'।

চিংকী কারাটের ভঙ্গিতে দাঁড়ায়। ওর সামনে ইট রাখা ছিল। চিংকী এক আঘাতে ভেঙে ফেলে। অনুপিসি হাততালি দেয়। চিংকী বলে,

- 'আমি একসাথে ৬ টা মাটির টালি ভেঙে ফেলতে পারবো'।

- 'সাব্বাস। তুমি রবিবার থেকে এখানে কারাটে শেখাবে। আমি অনেক বাচ্চাদের খবর দিয়ে দেবো'।

ওরা দুই ভাইবোন ওদের অনুপিসিমণিকে প্রণাম করে ফিরে আসে বাড়ী।

আগামীকাল অনি হোস্টেলে চলে যাবে। তাই আজ অনেক রাত পর্যন্ত গোছগাছ করলো। পরদিন খুব ভোরে সমস্ত জিনিসপত্র নিয়ে মা, বাবাকে

প্রণাম করে, চিংকীর ঘুমন্ত নিষ্পাপ মুখের দিকে তাকিয়ে নিশ্চিন্ত হয়ে সামনে এগোয়।

* 'চিন্তা কোরোনা মা। প্রত্যেক শনিবার আমি আসব। এছাড়া ছুটির দিনগুলো আমি বাড়ীতেই থাকবো'।

এছাড়া সামনের মাসে অচলা দির বিয়ে। অনিকে সেসময় কয়েকটা দিন বাড়িতেই থাকতে হবে। অনির বাবা প্রশান্ত দোকান থেকে ফেরার পথে অচলাকে ওর প্রেমিকের সঙ্গে কথা বলতে দেখেন। তারপর একদিন ছেলেটিকে ডেকে কথাবার্তা পাকা করে নেন। তারপর নিজে দাঁড়িয়ে থেকে এই বিয়ের ব্যবস্থা করেছেন। বিয়ে অনিদের বাড়ি থেকেই হবে। অনির তাই অনেক দায়িত্ব আছে এই বিয়েতে। আর অচলাদি যেসব বাড়িতে কাজকর্মের জন্য সাহায্য করতো তাঁরা সকলেই আসবেন এ বিয়েতে সবরকমের সাহায্য করার জন্য। এছাড়া অনির, রাতুল ভাই আর শ্রীমাদি তো থাকছেই এই বিয়েতে অনির প্রধান সাহায্যকারী হিসাবে । অচলাদি তার পছন্দের মানুষটির সঙ্গে একটা সুন্দর সুখী জীবন কাটাতে পারবে, একথা ভেবে অনি সুখী হয়।

অনি এগোয়, নিশ্চিন্ত হয়ে, স্বস্তির শ্বাস ফেলে এগোয়, এগোতে যে তাকে হবেই ।।

-------অয়মারম্ভশুভায়ভবতু-------

www.ingramcontent.com/pod-product-compliance
Lightning Source LLC
Chambersburg PA
CBHW022031150726
47990CB00002B/913